궁금했어,
양자역학

궁금했어, 양자역학

송은영 글 | 주노 그림

나무생각

차례

머리말 양자의 세계로 여행을 떠나요 ... 7

1장
작디작은 알갱이로 이루어진 에너지 ... 11

빛과 온도에 관한 연구 ... 13
/ 궁금 pick / 플랑크 길이, 플랑크 시간, 플랑크 상수는 무엇일까? ... 28

2장
빛에 대한 놀라운 사실 ... 31

양자와 고전 물리학 ... 33
물리학의 새로운 길 ... 38
/ 궁금 pick / 자외선과 적외선, 가시광선은 어떻게 다를까? ... 50

3장
원자 속에서 운동하는 전자 ... 53

전자는 어디에 있을까? ... 55
원자 내부를 탐구하는 새로운 생각들 ... 59
/ 궁금 pick / 원자 이야기 ... 70

4장
원자는 어떤 모양일까? 73

러더퍼드 원자 모형의 문제점　75
전자는 궤도를 돌아요　81
/ 궁금 pick / 닐스 보어와 노벨상 이야기　84

5장
점점 깊어지는 양자론 연구 87

전자 궤도 이론의 문제점　89
양자론의 완성을 향하여　94
/ 궁금 pick / 현대 물리학과 양자론 퀴즈　102

6장
양자론에서 양자 역학으로 105

파동이지만 입자인 양자 세상　107
슈뢰딩거의 파동 역학　116
/ 궁금 pick / 양자론의 쓰임새　122

참고 자료　125

머리말

양자의 세계로
여행을 떠나요

여러분에게 한 가지 질문을 할게요.

"20세기 현대 물리학이 일군 두 개의 대단한 업적이 있어요. 그것은 무엇일까요?"

너무 어려운가요? 그럴 거예요. 아직 이 책을 읽지 않았으니까요. 답을 이야기하면, 하나는 상대론이고 또 하나는 양자론이에요. 상대론은 '상대성 이론'의 줄임말이고, 양자론은 '양자 이론'의 줄임말이지요.

질문을 이어가 볼게요.

"상대론을 발견한 사람은 누구일까요?"

어렵게 생각하지 마세요. 이 세상에서 가장 똑똑한 천재 과학자라고 하면 생각나는 사람 있잖아요? 맞아요. 알베르트 아인슈타인이에요. 그 이름도 유명한 천재 물리학자 아인슈타인이 상대론을 발견했답니다.

마지막 질문이에요.

"양자론을 발견한 사람은 누구일까요?"

너무 어려운가요? 상대성 이론과는 달리, 양자 이론은 천재 한 사람이 발견하지 않았어요. 많은 천재 물리학자들이 두루 힘을 보태 발견한 거예요.

양자론을 발견하고 양자 역학이 수립되는 데 큰 공을 세운 대표적인 물리학자로는 막스 플랑크, 닐스 보어, 베르너 하이젠베르크, 에르빈 슈뢰딩거 등이 있어요.

이들이 어떤 원리를 밝혀내고, 양자론의 발전에 어떠한 공헌을 했는지는 이 책에서 자세히 살펴볼 거예요. 과학 이론이라고 하면 딱딱하고 어려울 거라 여기고 겁부터 먹는 친구가 있는데, 그런 걱정은 하지 마세요. 장담하건대, 지금부터 우리가 함께 떠날 여행은 아주 흥미로울 거예요.

자, 여러분, 여행 준비는 되었나요? 말랑한 머리와 샘솟는 호기심도 챙겼죠? 좋아요, 그럼 양자의 세계로 여행을 시작할게요.

1장

작디작은 알갱이로 이루어진 에너지

빛과 온도에 관한 연구

막스 플랑크는 '양자론의 아버지'라고 불려요. '양자'라는 개념을 처음으로 알아낸 사람이거든요.

플랑크는 1858년에 독일에서 태어났어요. 당시 독일은 부국강병을 소리 높여 외치는 시기였어요. '부국강병(富國强兵)'이란 나라를 부유하게 하고, 군대를 강하게 한다는 뜻이에요. 독일의 통치자는 철혈재상이라고 불리는 오토 폰 비스마르크였는데 그는 튼튼한 나라를 강력하게 추진했어요.

"강대국인 영국과 프랑스와 러시아를 뛰어넘는 국가를 만들자!"

비스마르크가 부국강병을 이렇게 소리 높여 외친 것은 유럽의 최강대국으로 올라서기 위해서였어요.

"독일이 유럽의 강대국들을 뛰어넘어 세계 최강대국이 되기 위해서

막스 플랑크

는 무엇보다 우수한 품질의 철을 많이 생산해 내야 한다!"

그랬어요. 비스마르크는 부국강병의 출발을 '철'에서 찾았어요. 오늘날에는 성능 좋은 반도체를 만들어 낼 기술을 가지고 있으면 전자 문명을 이끌 수 있죠. 19세기 후반에는 우수한 품질의 철을 많이 가지고 있을수록 부유하고 강한 국가를 만들 수 있었어요. 우수한 철이 많아야 건물을 크고 높게 지을 수 있고, 배와 기차와 전쟁 무기도 튼튼하게 만들 수 있었으니까요.

독일 정부는 '물리공학 연구소'를 세웠어요. 여기서 잠깐, 이런 의문이 들지 않나요?

"철을 생산하는데 왜 공학 연구소가 아니라 물리공학 연구소일까?"

비스마르크가 원한 철은 보통의 철이 아닌, 우수한 품질의 철이었어요. 이러한 철을 대량으로 신속하게 생산하기 위해서는 공학 기술만으로는 부족했어요. 물리학 이론이, 그것도 첨단 물리학 이론이 반드시 뒷받침되어야 했죠. 독일에서는 이것을 잘 알고 있었던 거예요.

물리공학 연구소를 세운 독일은 양질의 철 생산을 최우선 과제로 삼았어요. 독일의 내로라하는 물리학자들이 이 연구에 애국의 마음으로 참여했고, 독일은 아낌없이 지원했어요.

온도와 철

철의 상태가 온도와 밀접히 관련돼 있다는 건 오래전부터 알려져 온 사실이에요. 예를 들어 다음과 같은 사실들이요.

- 상온(16℃ 전후)에서 순수한 철은 은회색 빛을 띤다. 이러한 철을 '순철'이라고 한다. 이와 달리 채굴된 철광석은 검붉은색을 띤다. 철광석에는 철과 함께 탄소, 산소, 규소, 질소와 같은 물질이 섞여 있기 때문이다.
- 철광석을 용광로에 넣고 온도를 1,000℃까지 올리면 부드러워지는데, 이것이 '연철'이다. 엿이나 젤리 같은 상태가 되어 두드리고 때리면 모양을 바꿀 수 있다. 두드리고 때리는 과정에서 불순물이 떨어져 나간다.
- 용광로의 온도를 1,500℃ 이상 높이면 철이 물처럼 줄줄 흐르는데 이것이 '선철'이다. 선철은 연철보다 불순물이 적고 강도는 훨씬 강할 뿐만 아니라, 액체 상태여서 어떤 모양이라도 쉽게 만들 수 있다.

물리공학 연구소의 연구원들은 철의 상태가 온도에 따라 어떻게 변하는지 분석했어요. 온도에 따른 철 상태의 세세한 변화를 아는 것이 중요했기 때문이에요. 990℃와 1,010℃의 철은 어떻게 다른지, 1,490℃와 1,500℃와 1,510℃에서 어떤 차이가 생기는지, 1,600℃를 넘기면 어떤 변화가 일어나는지 등을 구체적으로 살피고 연구했어요. 이는 최고 품질의 철을 생산하기 위해 당연히 거쳐야 할 과정이었고, 넘어야 할 산이었어요.

연구원들과 물리학자들의 열의에 찬 연구는 밤낮을 가리지 않고 이어졌어요. 19세기가 저물어 갈 무렵 드디어 중요한 결과가 나왔어요.

용광로의 온도를 재는 법

1896년 물리공학 연구소의 빌헬름 빈은 의미심장한 결과를 내놓았어요. 이 법칙은 발견자의 이름을 따서 '빈의 법칙'이라고 불러요. 빈은 이 업적으로 1911년 노벨물리학상을 수상했어요. '빈의 법칙'은 어떤 것일까요?

당시의 온도계라고 하면 수은 온도계가 최고 성능의 온도계였어요. 수은은 녹는점이 영하 37℃ 정도이고, 끓는점이 356℃ 정도예요. 수은 온도계는 이 사이의 온도를 잴 수 있지요. 하지만 이것으로 1,500℃를 넘나드는 용광로의 온도를 잴 수는 없었어요. 온도계를 용광로에 집어넣는 순간 녹아 흘러내리거나 타 버려서 기능을 할 수가 없을 테니까요.

"우수한 철을 대량으로 생산하려면 온도를 정확히 측정해야 하는데, 온도계를 사용할 수 없으니 이를 어쩐다?"

다들 이런 고민을 하며 발을 동동 구르고 있을 때, 빈이 방법을 알아낸 거예요. 빈의 법칙은 온도와 철의 상태만을 다룬 것이 아니라 온도와 열의 관계를 넓게 다루고 있었어요. 그래서 빈의 법칙을 사용하면 철이나 용광로의 온도뿐만 아니라, 별과 같은 천체의 온도까지 계산할 수가 있었어요. 온도 측정에 있어서는 그야말로 획기적인 방법이었지요.

빈의 법칙에 담긴 온도 측정의 원리는 바로 이것이었어요.

빛으로 온도를 측정한다.

빛으로 온도를 측정하다니? 뚱딴지같은 소리라고 여기는 사람도 있겠지만, 이건 정말 굉장한 아이디어였어요.

온도가 변하면 빛의 색깔이 달라져요. 용광로의 온도가 높아질수록 빛의 색깔이 빨강에서 주황을 거쳐 흰색으로 변하지요.

빈은 이렇게 생각했어요.

빌헬름 빈

> 왜 이런 현상이 일어나는 걸까?
> 이런 현상이 나타나는 근본 원인은 무엇일까?

빈의 법칙

물리학자들은 자연 현상의 근원(근본 원인)을 찾는 걸 중요하게 생각해요. 어떤 자연 현상의 근원을 밝히면, 그와 관련된 현상은 실타래가 풀리듯 술술 풀려 나가거든요.

> 빛을 프리즘에 통과시키면
> 빨강, 주황, 노랑, 초록, 파랑, 남색, 보라색으로 나뉜다.
> 이 색들은 저마다의 파장이 있다.

물결이나 전파는 출렁거리지요. 한 번의 출렁거림이 나타낸 길이, 이것이 파장이에요. 빈은 생각을 계속 전개했어요.

> 저마다의 파장이 있다는 것은
> 일곱 가지 색의 파장이 똑같지 않다는 의미다.

그래요. 파장은 빨강, 주황, 노랑, 초록, 파랑, 남색, 보라의 순으로 짧아져요.

> 무지개 색의 파장은 빨강이 가장 길고, 보라가 가장 짧다.
> 이로부터 무엇을 알 수 있을까? 파장과 색깔이 관련 있다는 사실이다.

빨강보다 파장이 긴 빛은 '적외선'이라 부르고, 보라보다 파장이 짧은 빛은 '자외선'이라고 부르지요.

> 용광로의 온도가 높아질수록 빛은 빨강에서 흰색으로 변한다.
> 이는 용광로에만 한정된 얘기가 아니다.
> 촛불의 심지를 보면 온도에 따라 색이 다르다. 도자기를 굽는 가마 속의 상황도
> 다르지 않다. 이러한 사실은 온도와 색깔이 관련 있다는 뜻이다.
> 색깔과 파장이 관련이 있고, 온도와 색깔이 관련 있으니
> 파장과 온도는 관련이 있어야 한다. 이로부터 무엇을 알 수 있을까?
> 아, 그렇구나! 파장을 알면 온도를 알 수 있겠구나!

빛의 파장을 측정하면, 빛을 방출한 물체의 온도를 구할 수가 있어요. 파장을 정밀히 측정할수록 온도를 더욱 정확히 알 수 있지요.

빈의 법칙 덕분에 온도계 없이도 온도를 잴 수 있게 되었어요. 파장을 측정하면 되니까요. 저 멀리 있는 별의 온도를 지구에서도 얼마든지 계산할 수 있는 것은 빈의 법칙 덕분이에요.

당혹스러운 결과

빈의 법칙은 파장을 측정하면 물체의 온도를 얼마든지 알아낼 수 있다는 놀라운 사실을 알려 주었어요. 그런데 문제점이 발견됐어요. 파장이 긴 경우에는 빈의 법칙이 잘 들어맞지 않는다는 사실이 밝혀진 거예요. 참으로 난감한 일이었죠.

이를 해결하기 위해서 독일은 물론이고 프랑스, 영국, 러시아 등 유럽의 물리학자들이 뛰어들었어요. 해결책은 1900년 초 영국에서 나왔어요. 영국의 물리학자 존 레일리가 파장과 온도 사이의 법칙을 내놓은 거예요. 이것도 역시 발견자 존 레일리와 제임스 진스의 이름을 따서 '레일리·진스의 법칙'이라고 해요. 진스는 영국의 수학자인데, 레일리가 공식을 완성하는 데 많은 도움을 준 케임브리지 대학교의 동료였지요.

레일리·진스의 법칙은 빈의 법칙이 해결하지 못한, 파장이 긴 영역에서 정확했어요. 물리학자들은 흥분했지요. 그러나 오래가지 못했어요. 아쉬운 점이 또 발견되었기 때문이에요. 레일리·진스의 법칙은 빈의 법칙과는 반대로, 파장이 짧은 영역에서는 잘 맞지 않았거든요.

물리학자들은 당혹스러웠어요.

'중간 지대에서는 빈의 법칙이나 레일리·진스의 법칙이 모두 잘 들어맞는다. 하지만 빈의 법칙은 파장이 긴 영역에서, 레일리·진스의 법칙은 파장이 짧은 영역에서 잘 들어맞지 않는다. 왜 이런 결과가 나오는 걸까?'

하지만 어느 누구도 이에 대한 답을 선뜻 내놓지 못했어요.

존 레일리

연속적인 것과 불연속적인 것

처음에 소개했던 막스 플랑크 이야기로 돌아가 볼까요? 막스 플랑크의 전공은 '열역학'이었어요. 열역학은 열과 관련된 현상을 연구하는 물리학의 한 분야지요.

플랑크는 헤르만 폰 헬름홀츠, 구스타브 키르히호프와 같은 당대 최고의 열역학 권위자들에게 배웠고 열역학 법칙과 관련된 논문으로 박사 학위를 받았어요.

1889년 플랑크는 키르히호프의 후임으로 베를린 대학교의 물리학과 교수가 되었어요. 당시 베를린 대학교 물리학과는 세계 최고의 물

연속적으로 흐르는 강물과
불연속적으로 떨어지는 빗물

리학과였어요. 수많은 노벨 물리학상 수상자를 배출한 곳이기도 해요. 막스 플랑크는 최고의 인재가 모인 이곳에서 연구를 이어 갔어요.

온도는 열로 인해서 일어나는 현상이에요. 온도는 열역학 연구자에게 주요한 연구 과제였지요. 그래서 플랑크에게 파장과 온도의 관계는 주요한 관심사였어요. 플랑크에게 빈의 법칙과 레일리·진스의 법칙은 흥미로운 연구 과제였지요.

플랑크는 이렇게 생각했어요.

> 끊어지면 흐른다고 하지 않는다. 연이어서 흘러야 흐른다고 한다.
> 물을 보면 쉽게 알 수 있다. 연이어서 흘러야 물이 흐른다고 한다.
> 열도 마찬가지다. 연이어서 흘러야 열이 흐른다고 한다.
> 우리는 열을 말할 때 흐른다고 한다.

> 그렇다. 열은 끊어지지 않고 연이어서 흐른다. 끊어지지 않고
> 연이어서 흐르니 열은 연속적인 특성을 지닌 물리량이구나.

물리학에서는 연속적인 것의 반대를 '불연속적'이라고 말해요. 끊어져 있는 상태를 말하지요. '물리량'이란 물체의 특성이나 성질을 나타내는 양이에요. 예를 들면 질량과 속력 등이 물리량이지요.

양자의 탄생

플랑크는 계속 생각했어요.

> 열은 에너지의 한 형태다. 열역학 문제를 다룰 때에는
> 그래서 열과 에너지를 같다고 보아도 무방하다.
> 열이 연이어서 흐르니, 에너지도 연이어서 흘러야 한다. 그렇구나!
> 에너지 또한 열과 같이 연속적인 특성을 지닌 물리량이구나!

그래요. 1900년까지 이것을 부정하는 물리학자는 없었어요. '에너지는 연속적인 특성을 지닌 물리량이다.'라는 것은 물리학의 핵심 중의 핵심이었으니까요.

> 빈과 레일리는 에너지가 연속적인 특성을 지닌 물리량이라고 믿었다.
> 그들은 이 원리를 철저히 지키며 빈의 법칙과 레일리·진스의 법칙을 유도했다.

> 물리학의 핵심 원리에 뿌리를 두고 나온 법칙인 것이다.
> 그렇다면 열역학 현상인 파장과 온도의 관계를 설명할 수 있어야 한다.
> 그런데 실상은 빈의 법칙, 레일리·진스의 법칙 둘 다 반쪽짜리에 그치고 있는데……
> 왜 이런 황당한 결과가 나온 것일까?

물리학의 역사를 돌이켜 보면, 큰 변화는 늘 우리가 상식이라 고집스레 믿었던 것을 단순히 뒤집는 것에서 출발한 경우가 많았어요. 플랑크의 경우도 마찬가지였어요.

> 혹시 연속적이라 믿었던 에너지가 불연속적인 것은 아닐까?
> 그 때문에 빈의 법칙과 레일리·진스의 법칙이 반쪽짜리가 되고 만 것은 아닐까?
> 아직 확신이 선 것은 아니지만 에너지가 불연속적이라는
> 가정 아래 파장과 온도의 관계를 유도해 보면 어떨까?

플랑크는 에너지가 불연속적이라고 가정하고 계산에 몰두했고, 이내 파장과 온도 사이의 결과를 얻었어요. 이를 플랑크의 '흑체 복사 공식'이라고 불러요.

플랑크의 동료인 하인리히 루벤스가 흑체 복사 공식의 정확도를 검증했어요. 대만족이었어요. 빈의 법칙과 레일리·진스의 법칙이 맞추지 못한 영역까지 멋지게 맞추어 냈거든요. 플랑크는 1900년 12월 14일 독일 물리학회에서 이를 발표했어요.

"모든 에너지는 아주 작은 덩어리로 이루어져 있습니다. 이것이 제 논문의 가장 중요한 부분입니다."

플랑크가 언급한 아주 작은 덩어리를 '양자(量子)'라고 해요. 에너지가 '에너지 양자'라고 하는 불연속적인 물리량으로 이루어져 있다는 사실이 이렇게 밝혀지게 된 것이지요. 양자를 영어로는 퀀텀(quantum)이라고 해요. 복수형은 퀀타(quanta)이고요.

1900년 12월 14일은 에너지가 연속성을 가졌다는 통념이 깨진 날이에요. 물리학자들은 이날을 '양자론의 탄생일'이라고 부르지요.

플랑크 길이, 플랑크 시간, 플랑크 상수는 무엇일까?

양자 세상은 우리가 생활하는 세계와는 많이 다르죠. 눈에 보이지도 않는 무지무지하게 작은 세상이니까요. 이런 세상에서는 우리가 일반적으로 사용하는 단위나 개념 같은 것을 사용할 수는 없어요. 예를 들어 양자 세상은 작디작은 세계인데, 우리가 흔히 사용하는 미터(m)나 킬로미터(km) 같은 길이의 단위를 사용할 수는 없겠지요.

양자 세상에서 사용하는 중요한 단위와 숫자가 있어요. 이것은 모두 플랑크의 이름이 들어가 있지요. 양자론의 탄생에 기여한 막스 플랑크의 업적을 그만큼 높이 인정한다는 뜻이에요.

우선 '플랑크 길이'가 있어요.

우리가 사는 세상은 공간으로 이루어져 있어요. 우주 공간을 생각해 보세요. 크기가 그야말로 엄청나게 크지요. 빛은 1초 동안에 지구를 일곱 바퀴 반 돌 수 있을 만큼 빠른데, 이러한 빛이 300억 년가량을 쉼 없이 날아가야 우주 끝에서 끝까지 갈 수가 있어요. 이러한 공간이 작아지고 작아져서 더 이상 작아지지 못할 만큼 줄어들었을 때의 길이가 바로 플랑크 길이예요. 플랑크 길이는 물리학적으로 생각할 수 있는 최소의 길이인 것이죠.

다음으로는 '플랑크 시간'이 있어요. 빛이 플랑크 길이만큼 지나가는 시간을 플랑크 시간이라고 해요. 플랑크 길이가 엄청나게 짧은데, 그 거리를 빛의 속도로 지나가니 얼마나 짧은 시간이겠어요? 플랑크 시간은 물리학적으로 측정할 수 있는 최소의 시간이에요.

끝으로 '플랑크 상수'가 있어요. 양자 역학을 연구하는 데 빼놓아서는 안 되는 숫자이지요. 양자 역학의 중요한 공식에는 플랑크 상수가 꼭 들어가요. 플랑크의 흑체 복사 공식에도 플랑크 상수는 당연히 들어가지요. 플랑크 상수는 보통 h로 나타내요. 2장부터 이어지는 아인슈타인의 광전 효과에도, 보어의 전자 궤도 공식에도, 슈뢰딩거의 파동 방정식에도 플랑크 상수는 빠지고 않고 꼭 들어가지요.

$$B(\lambda) = \frac{2\pi c^2 h}{\lambda^5} \frac{1}{\exp(hc/\lambda kT) - 1}$$

플랑크 상수가 들어간 공식

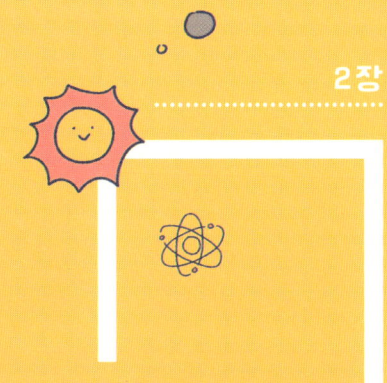

2장

빛에 대한 놀라운 사실

양자와 고전 물리학

플랑크는 흑체 복사 공식을 만들고, 양자라는 연속적이지 않은 물리량을 발견했어요.

에너지는 에너지 양자로 이루어져 있다.

플랑크의 이 발견으로 에너지가 연속적인 특성을 지닌 물리량이라는 통념이 깨졌어요. 이는 실로 대단한 업적이에요. '양자론'이라고 하는 물리학의 새 시대를 연 것이거든요. 그렇다면 다른 물리학자들도 양자론에 대해 열렬히 찬성했을까요?

아니요. 그렇지 않았어요. 물리학자들이 시큰둥했던 것은 그럴 만한 충분한 까닭이 있었어요.

플랑크가 양자라는 개념을 세상에 내놓기 전까지의 물리학을 '고전 물리학'이라고 해요. 19세기까지의 물리학이 고전 물리학인 셈이지요. 고전 물리학에 따르면 에너지는 절대로 끊어진 상태로 흐를 수가 없어요. 불연속이 될 수 없는 거죠. 이는 누구도 거부할 수 없는 물리학의 절대 진리였어요. 그런데 플랑크가 양자라는 개념을 들고 나와서 에너지는 연속적인 특성을 지니지 않는다고 주장해 버린 거죠.

그렇다면 플랑크의 주장을 그대로 받아들이면 고전 물리학의 이론을 따르는 게 될까요, 부정하는 게 될까요?

고전 물리학을 대표하는 과학자는 영국의 물리학자 아이작 뉴턴이에요. 뉴턴은 고전 물리학을 완성한 물리학자예요. 그렇다면 고전 물리학을 연 사람은 누구일까요? 바로 유명한 이탈리아의 물리학자 갈릴레오 갈릴레이지요. 갈릴레이가 "그래도 지구는 돈다."라는 유명한 말을 남긴 것을 다들 알고 있죠?

고전 물리학을 부정한다는 것은 뉴턴이 밝힌 물리학 모두를 믿지 못하겠다는 것과 마찬가지였어요. '관성의 법칙'과 '힘과 가속도의 법칙'과 '작용 반작용의 법칙'과 '만유인력의 법칙'을 모두 다시 검증해야 하고, 나아가 버려야 하는 상황이 발생할 수도 있는 거죠. 물론 갈릴레이가 밝힌 원리 또한 다르지 않은 상황에 처하게 되겠지요.

물리학자들이 양자라는 개념을 선뜻 받아들이지 못한 것은 이런 까닭이 있었기 때문이에요.

고전 물리학의 위기

뉴턴의 물리학은 그가 세상을 떠난 후에도 흔들림이 없었어요. 아니, 살아 있을 때보다 더욱 탄탄해졌다고 하는 게 옳은 표현일 거예요. 화학과 생물학을 넘어 철학과 경제학, 그리고 사회 사상에까지 두루두루 깊고 넓게 퍼지며 지대한 영향을 끼쳤으니까요.

19세기의 물리학자들은 그래서 서슴없이 이렇게 부르짖었어요.

"물리학에서는 더 이상 밝힐 진리가 없다."

"물리학은 완성된 학문이다."

이런 분위기 속에서 어떤 물리학자가 선뜻 나서서 플랑크의 양자 개념을 바로 받아들일 수가 있었겠어요? 플랑크도 예외가 아니었어요. 어쩔 수 없이 양자 개념을 도입하기는 했지만, 이것이 고전 물리학을 부정한 것은 아니었어요. 플랑크는 늘 이렇게 말하고 다녔거든요.

"나는 고전 물리학을 철저하게 신봉하는 사람입니다."

플랑크는 고전 물리학이 무너지는 걸 누구보다 원치 않은 물리학자였어요. 흑체 복사 공식을 발표하는 1900년 12월 14일에도 이를 거듭 확인할 정도였지요.

"물리학을 사랑하는 한 사람으로서, 나는 누구보다 안전과 평화를 추구하는 편이라고 자신 있게 말할 수 있습니다. 고전 물리학에 조금이라도 위배될 듯싶다거나, 고

아이작 뉴턴

전 물리학에 조그마한 흠집을 낼 듯싶다고 여겨지면, 나는 이 이론을 절대로 받아들이지 않을 것입니다."

그러나 한 번 정해진 변화의 흐름을 언제까지나 막을 수는 없었어요. 플랑크는 흔들리기 시작했어요.

"고전 물리학을 붕괴시킬 것 같은 이론을 내가 감히 받아들일 것이라고는 상상조차 못했습니다. 그런데 말입니다. 빈의 법칙과 레일리·진스의 법칙을 검토하면서 위기를 느끼지 않을 수 없었습니다. 어떻게든 고전 물리학으로 용광로의 온도 문제를 해결해 보려고 수없이 노력했지만 결과는 절망적이었습니다."

플랑크는 할 수 있는 모든 수단과 방법을 총동원해 고전 물리학을 지키려고 애를 썼어요. 그러나 역부족이었지요.

이제 길은 두 갈래였어요. 누군가가 나타나 고전 물리학을 지켜 주느냐, 아니면 누군가가 나타나 양자라는 개념을 더 확고부동하게 해 주느냐 하는 것이었지요.

물리학의
새로운 길

 두 길 가운데 물리학의 역사는 어느 길을 갔을까요? 그리고 그 길을 연 사람은 누구일까요?
 답은 두 번째 길이었어요. 고전 물리학을 넘어서는 사건이 일어나고야 말았거든요. 바로 알베르트 아인슈타인이 그 일을 해냈지요.
 아인슈타인은 1905년에 광전 효과에 대한 이론을 발표했어요. 이 이론은 양자론의 시대를 활짝 열어 주었어요. 플랑크의 양자 개념을 믿어야 할지 말아야 할지 주저하며 머뭇거린 물리학자들을 양자론의 신세계로 끌어들인 이론이지요.
 아인슈타인이 상대성 이론에만 기여하고, 양자 이론에 기여한 공로가 없다거나 혹여 있다고 해도 크지 않을 거라고 생각한 사람이 있다면 앞으로는 그 생각을 바꿔야 해요.

그럼 아인슈타인의 광전 효과는 도대체 어떤 이론일까요?

금속에 빛을 쪼이면 전자가 튀어나와요. 이러한 사실은 플랑크가 양자라는 개념을 내놓기 이전에도 이미 알려져 있었어요. 이때 튀어나오는 전자를 '광전자(光電子, photoelectron)'라 하고, 이 현상을 '광전 효과'라고 불러요.

그런데 문제는 빛을 쪼인다고 해서 전자가 매번 튀어나오는 게 아니라는 데 있었어요. 파장이 긴 빛을 쪼이면 전자가 튀어나오지 않았지요. 예를 들면 다음과 같은 현상이 일어나는 거예요.

알베르트 아인슈타인

> 금속에 적외선을 쪼인다. 1분이나 쪼여도 전자가 튀어나오지 않는다.
> 쪼이는 시간을 늘려 본다. 2분, 5분, 10분을 넘어 30분, 1시간, 2시간, 5시간, 10시간, 20시간, 24시간 동안 쪼여 본다. 전자는 여전히 튀어나오지 않는다.
> 적외선은 아무리 오랫동안 쪼여도 전자가 튀어나오지 않는다.
> 그렇다면 자외선은 어떨까?
> 1분이 아니라, 10초만 쪼여도 전자가 튀어나온다.

물리학자들은 고민에 빠졌어요.

'왜 이런 현상이 일어나는 것일까?'

많은 물리학자들이 이 현상을 설명하기 위해서 뛰어들었어요. 그들은 고전 물리학의 이론이란 이론은 모두 다 동원해 보았어요. 그러나 실패했어요. 누구도 성공하지 못했지요. 단 한 사람만 빼고요.

작디작은 빛 알갱이, 광양자

바로 아인슈타인이었어요. 그는 이 현상을 어떻게 해결했을까요? 아인슈타인은 이렇게 생각해 보았어요.

> 빛을 쪼이면 도대체 왜 전자가 튀어나오는 걸까?

아인슈타인의 생각을 따라가기에 앞서, 질문 하나를 해 볼게요.
빛은 물결처럼 나아갈까요? 공처럼 나아갈까요?

빛이 물결처럼 나아가는지 공처럼 나아가는지 아는 것은 물리학의 오랜 숙제였어요. 물결처럼 나아간다고도 했다가 공처럼 나아간다고도 했다가 정말 오랜 세월을 갈팡질팡했지요.

그러다가 19세기 후반에 영국의 물리학자 제임스 맥스웰이 '빛은 전자기파'라는 사실을 밝히면서 결론이 나게 되었어요. 전자기파는 누가 보아도 물결처럼 나아가잖아요. 그래서 빛은 물결처럼 나아가는 것이라고 최종적으로 정리가 되었지요.

빛이 물결처럼 나아가는 것을 '빛의 파동성'이라 하고, 공처럼 나아

광전 효과

가는 것을 '빛의 입자성'이라고 해요. 파동성은 파동과 같은 성질이라는 뜻이고, 입자성은 입자와 같은 성질이라는 뜻이에요. 그러니까 고전 물리학은 빛이 파동과 같은 특성을 지니고 있는 것이라고 결론 지은 셈이에요.

하지만 아인슈타인은 고민했어요.

> 전자는 작디작다. 작아도 너무 작아서 눈에 보이지 않을 정도다.
> 하지만 그렇다고 부피가 없는 것은 아니다. 물론 그 부피라는 게 너무너무 작겠지만 어떻든 부피가 있는 것은 명확하다. 부피가 있다는 건 전자가 알갱이란 얘기다.
> 알갱이를 잘 튀어나오게 하려면 알갱이로 때리는 게 효율적이겠지.
> 빛이 파동이 아니라, 입자처럼 행동한다면
> 전자를 더욱 잘 튀어나오게 할 수 있을 테니까. 그렇다면?
> 아, 빛이 작디작은 알갱이로 이루어져 있다고 보는 게 합리적이겠다.
> 광전 효과는 빛의 파동성이 아니라 입자성으로 설명해야 바른 답을 얻을 수 있겠구나!

이렇게 해서 고전 물리학의 빛의 파동성에 가려져 있던 빛의 입자성이 세상으로 나오게 되었어요.

아인슈타인이 생각한 매우 작은 빛 알갱이를 '광양자'라고 해요. '빛의 양자'라는 뜻이지요. 광양자를 '광자(光子, photon)'라고도 하죠.

파장이 짧은 빛과 긴 빛

아인슈타인은 다시 생각했어요.

> 긴 줄이 진동하기 쉬울까, 짧은 줄이 진동하기 쉬울까? 짧은 줄이다.
> 빛의 파장도 마찬가지다. 파장이 긴 빛보다 파장이 짧은 빛이 진동하기 쉽겠지.

앞에서 말했듯이 프리즘을 이용해 빛을 분산하면 무지갯빛으로 펼쳐지는 것을 볼 수 있어요. 이렇게 눈에 보이는 빛을 가시광선이라고 해요. 가시광선 중에서 파장이 가장 긴 빛은 빨강이고, 파장이 가장 짧은 빛은 보라예요.

> 파장이 짧은 빛일수록 진동하기가 쉽다.
> 이것은 파장이 짧은 빛일수록 진동을 많이 할 수 있다는 말이다.
> 가시광선에서 파장이 가장 짧은 빛은 보라다.
> 보랏빛이 가시광선에서 진동을 가장 많이 하는 빛이라는 뜻이다.

가시광선 중에서 파장이 가장 긴 빛은 빨강이에요. 빨간빛이 진동을 가장 적게 하는 빛이 되는 것이지요.

**진동을 가장 많이 하는 가시광선은 보랏빛
진동을 가장 적게 하는 가시광선은 빨간빛**

진동수가 많은 빛과 적은 빛

진동하는 횟수를 '진동수'라고 해요. 이를 적용하면 앞의 결론은 다음과 같이 바뀌게 되지요.

진동수가 가장 많은 가시광선은 보랏빛
진동수가 가장 적은 가시광선은 빨간빛

아인슈타인의 생각은 계속되었어요.

> 열은 진동수가 적을 때 많이 나올까, 많을 때 많이 나올까? 많을 때다.
> 열역학에서 열은 곧 에너지다. 열을 에너지로 바꾸어서 생각해 보자.
> 에너지는 진동수가 많을 때 많이 나온다.
> 가시광선 중에서 진동수가 가장 많은 빛은 무엇인가? 보랏빛이다.
> 보랏빛이 가시광선 중에서 에너지가 가장 강한 빛이구나.

가시광선 중에서 진동수가 가장 적은 색은 빨강이므로, 빨간빛은 가시광선 중에 에너지가 가장 약한 것을 알 수 있지요. 그러니까 위의 내용을 이렇게 바꿀 수도 있어요.

에너지가 가장 센 가시광선은 보랏빛
에너지가 가장 약한 가시광선은 빨간빛

빛의 색깔

아인슈타인은 다시 생각했어요.

> 적외선은 빨간빛 바깥에 있으니, 빨간빛보다 진동수가 적다.
> 진동수가 적을수록 에너지가 약하기 때문에
> 적외선은 빨간빛보다 에너지가 약한 빛이다.
> 자외선은 보랏빛 바깥에 있으므로, 보랏빛보다 진동수가 많다.
> 진동수가 많을수록 에너지가 강하므로 자외선은 보랏빛보다 에너지가 강한 빛이다.
> 적외선과 빨간빛, 자외선과 보랏빛 중에서 에너지가 가장 약한 빛은 적외선이고,
> 에너지가 가장 센 빛은 자외선이다.

그렇다면 에너지 세기의 순서는 이렇게 나타낼 수 있어요.

적외선 < 빨간빛 < 보랏빛 < 자외선

> 자, 이제 빛의 입자성을 생각해 보자.
> 빛 알갱이로 금속을 때려 전자를 잘 튀어나오게 하려면
> 에너지가 센 빛 알갱이가 유리할까? 약한 빛 알갱이가 유리할까?
> 센 빛 알갱이가 더 유리하다.
> 자외선과 보랏빛, 적외선과 붉은빛 중에서 에너지가 가장 강한 빛 알갱이는
> 자외선이므로 잠깐만 쪼여도 전자가 쉽게 튀어나올 것이다.
> 반면 적외선은 에너지가 가장 약하므로 아무리 오랫동안
> 빛을 쪼여도 전자가 튀어나오기 어렵다.

이렇게 해서 19세기 물리학자들이 오랫동안 고민하며 풀지 못한 문제가 풀리게 되었어요. 이것은 아인슈타인이 빛에 대한 오래된 통념(빛의 파동성)을 과감하게 버렸기 때문에 가능한 일이었어요. 그렇다고 원자의 세계에서 빛의 입자성이 유일무이한 진실이란 것은 아니에요.

아인슈타인은 이렇게 말했어요.

"원자의 세계에서 빛은 파동성과 입자성 두 가지 성질을 모두 가지고 있다. 어떤 때는 파동성이 나타나고, 어떤 때는 입자성이 나타난다."

이러한 특성을 '빛의 이중성'이라고 해요.

광전 효과에서 보듯, 아인슈타인이 양자론에 기여한 공은 매우 커요. 아인슈타인은 광전 효과 법칙을 발견하고 양자론 발전을 이끈 공

아이슈타인의 광전 효과 논문

로로 1921년도 노벨 물리학상을 받았어요. 아인슈타인은 20세기 현대 물리학이 쌓은 두 개의 거대한 탑인 상대론과 양자론 모두에 큰 업적을 남긴 인물이지요.

자외선과 적외선, 가시광선은
어떻게 다를까?

빛은 겉보기에 색깔이 없는 듯 보여요. 무색투명하다는 얘기가 그래서 나온 거지요. 옛 사람들은 빛이 색깔이 없다고 여겼어요. 눈에 보이는 그대로를 믿은 거예요.

그러나 사실은 어떤가요? 프리즘을 통과시켜 보면 빛은 무지갯빛으로 나누어지지요. 우리 눈에 또렷이 보이는 이 무지갯빛을 '가시광선(可視光線)'이라고 해요. '눈으로 볼 수 있는 빛'이라는 뜻이에요. 가시광선은 고전 물리학의 완성자인 아이작 뉴턴이 1666년에 프리즘 실험으로 발견했어요.

빛에는 색깔이 있는 가시광선만 있는 게 아니에요. 눈에 보이지

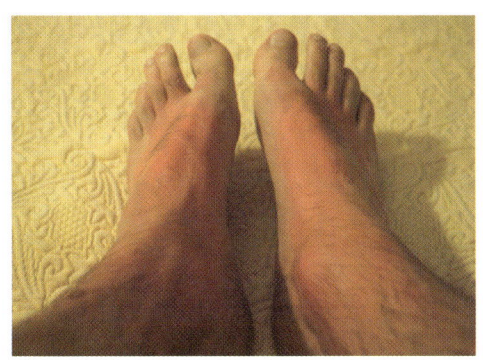

자외선에 그을린 피부

　는 않지만 빨강보다 에너지가 약한 빛도 있고, 보라보다 에너지가 강한 빛도 있어요.
　빨강보다 에너지가 약한 빛은 빨간빛 바깥에 있다는 뜻으로 '적외선(赤外線)'이라고 해요. 적외선은 물체의 온도를 상승시키는 작용이 두드러져서 '열선'이라고도 불러요. 1800년 영국의 윌리엄 허셜이 발견했어요.
　보라보다 에너지가 강한 빛은 보랏빛 바깥에 있다는 뜻으로 '자외선(紫外線)'이라고 해요. 자외선은 화학 작용이 강해서 '화학선'이라고도 부르지요. 한여름 햇볕에 노출된 피부를 벌겋게 만드는 빛이 바로 자외선이지요. 1801년 독일의 요한 리터가 발견했어요.
　그런데 여기서 끝이 아니에요. 적외선 바깥에 또 다른 빛이 있고, 자외선 너머에도 또 다른 빛이 있다는 사실이 밝혀졌거든요. 적외선보다 에너지가 약한 빛으로 '마이크로파'와 '라디오파'가 있고, 자외선보다 에너지가 강한 빛으로 'X선'과 '감마선'이 있지요.

3장

원자 속에서 운동하는 전자

전자는 어디에 있을까?

아인슈타인이 광전 효과를 발견한 때는 1905년이었어요. 이즈음까지도 과학자들은 원자의 내부가 어떻게 생겼는지 파악하지 못했지요. 과학자들은 원자의 구조가 궁금했어요.

원자의 모습에 대해 제일 처음 설명한 사람은 고대 그리스의 자연 철학자인 데모크리토스예요. 이후 2,500여 년가량 사람들의 기억에서 사라진 원자를 다시 세상에 내놓은 사람은 영국의 화학자인 존 돌턴이에요. 그는 모든 물체가 더 이상 쪼개지지 않는 아주 작은 입자로 되어 있으며, 이것은 파괴할 수도 없고, 만들어 낼 수도 없다고 주장했어요. 그러면서 원자는 단단한 공 모양이라고 말했지요.

그런데 원자 내부에 '전자'라는 게 있다는 게 밝혀졌어요. 바로 영국의 물리학자 조지프 존 톰슨 덕분이었어요. 당시 전자에 대한 탐구는 물리학의 최첨단 연구 주제였어요. 내로라 하는 물리학자들이 전자를 연구하기 위해 열정적으로 뛰어들었지요.

조지프 존 톰슨

톰슨의 원자 모형

톰슨은 음극선관 실험을 통해 전자가 원자 내부에 골고루 흩어져 있을 거라고 보았어요.

> 원자는 전기를 띠지 않는다. 전기적으로 보면 중성이다.
> 원자가 전기적으로 중성이 되는 상황은 두 가지가 가능하다.
> 하나는 원자 내부에 전기를 띠는 입자가 아예 존재하지 않는 경우다.
> 그러나 내가 발견했다시피 원자 속에는 엄연히 전자가 자리하고 있다.
> 따라서 이것은 고려의 대상이 될 수 없다.
> 다른 하나는 원자 내부에 전기를 띠는 입자가 고르게 존재하는 경우다.

전기는 양(+)과 음(-)이 있어요. 양의 전기는 포지티브(positive)라 하고, 음의 전기는 네거티브(negative)라고 해요.

양과 음을 표시하는 기호 (+)와 (-)가 수학 기호와 비슷하다고 해서 흔히들 양의 전기를 플러스 전기, 음의 전기를 마이너스 전기라고 하잖아요. 하지만 이것은 바른 표현이 아니에요. 더하는 전기여서 양의 전기, 빼는 전기여서 음의 전기인 것이 아니거든요. 전기의 양과 음은 오른쪽과 왼쪽, 오른손과 왼손, 오른발과 왼발, 위와 아래, 높음과 낮음, 밝음과 어둠처럼 상대적인 표현일 뿐이에요.

> 전기는 양전기와 음전기로 나뉜다.
> 원자 속에 양전기만 있으면 원자는 양전기를 띤다.
> 마찬가지로 음전기만 있으면 당연히 음전기를 띤다.
> 그런데 원자는 전기적으로 중성이다.
> 그렇다는 것은 원자 속에 양전기와 음전기가 같은 양만큼 존재하는 것이 아닐까?
> 그러면 양전기와 음전기가 서로 영향을 주어서 전기적인 효과가 사라질 것이고
> 원자는 전기를 띠지 않을 것이다. 원자 내부에 전기가 있어도 말이다.

그래요. 원자가 전기를 띠지 않은 것은 전기를 띠는 입자가 없어서가 아니에요. 양과 음의 전기가 원자 속에 동등하게, 같은 양으로 존재하기 때문이에요.

> 원자 안에 있는 전자는 음전기를 띤다.
> 그렇다면 양전기는 어디에 존재하는가? 아직까지 밝혀진 입자가 없다.
> 하지만 양과 음의 전기는 동등해야 하므로,
> 양전기가 존재해야 한다. 어떤 식으로 배치되어 원자가 중성인 것일까?

양전기를 띤 입자가 없어도, 원자의 내부는 양전기를 지녀야 한다는 문제를 톰슨은 어떻게 해결했을까요?

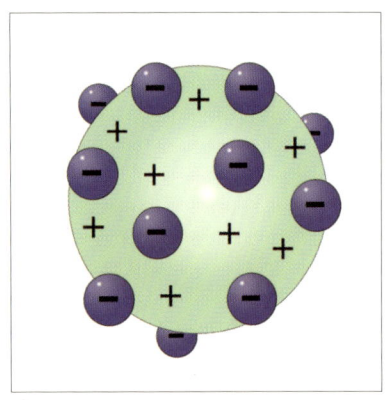

톰슨의 건포도 푸딩 원자 모형

> 원자가 양전기로 채워져 있다고
> 생각해 보면 어떨까?
> 바다가 바닷물로 채워져 있듯이 말이다.
> 이러면 양전기를 띤 입자가 없어도 원자는
> 양전기를 지니지 않을까?

여기서 잠깐, 톰슨의 이러한 생각이 옳다고 믿을 사람이 있을까 봐 미리 말할게요. 이것은 원자의 실제 모습이 아니에요. 톰슨이 상상한 원자의 모습일 뿐, 원자의 실체는 시간이 더 흐른 뒤에 밝혀지지요.

하지만 톰슨은 계속해서 고민했어요.

> 전자는 자유롭게 돌아다니니 곳곳에 자리할 수 있다.
> 그렇다면 원자는 양전기로 채워져 있는 중간 중간에
> 전자가 박혀 있는 모양이 될 것이다. 푸딩에 건포도를 넣은 모양처럼 말이다.
> 푸딩을 원자라고 하면, 건포도는 전자가 되겠지.

톰슨의 이러한 모형을 '건포도 푸딩 원자 모형'이라고 해요. 양전기를 띤 푸딩(원자) 곳곳에 음전기를 띤 건포도(전자)가 박혀 있는 모양과 비슷하다고 해서 이렇게 부르는 것이지요.

원자 내부를 탐구하는
새로운 생각들

덴마크의 물리학자 닐스 보어는 당대 최고의 물리학자 톰슨과 함께 연구하고자 영국으로 건너갔어요. 톰슨이 소장으로 있는 케임브리지 대학교 캐번디시 연구소에서 닐스 보어는 톰슨을 처음 만났어요. 보어의 손에는 톰슨이 쓴 책이 들려 있었지요.

"교수님이 쓴 책을 제가 꼼꼼히 읽어 보았습니다."

보어는 정중하게 말했어요.

톰슨은 보어가 기특해 미소를 지었지요.

'이 친구 우리 연구소에서 배울 기본적인 자세와 예의를 갖추었구먼!'

그러나 분위기는 곧 냉랭해졌어요. 보어가 책을 펼쳐 표시해 둔 곳 몇 군데를 손으로 가리키며 이렇게 말했거든요.

"제 생각에는 이 책의 이 부분은 틀렸다고 봅니다. 그리고 이 부분도 오류인 것 같습니다."

톰슨은 기분이 상했어요. 처음 만난 자리에서 자신의 책 내용이 오류라고 하니까 아무래도 보어의 모습이 좋아 보이지 않았거든요. 톰슨과 보어의 사이는 첫 만남부터 이렇게 삐걱거리게 되었고, 한번 틀어진 관계는 좀체 나아지질 않았어요. 보어는 고민에 빠졌어요.

"이곳에 최신 물리학을 배우러 왔는데, 이런 분위기에서는 도무지 연구 의욕이 생기질 않네. 어떻게 하는 게 좋을까?"

보어는 고심 끝에 연구소를 옮기기로 결정했어요. 그가 마음에 둔 곳은 어니스트 러더퍼드의 연구소였어요. 러더퍼드 역시 톰슨의 제자였고, 1908년에 노벨 화학상을 수상한 물리학자였어요.

보어는 러더퍼드가 있는 맨체스터 빅토리아 대학교로 달려갔어요.

"교수님 밑에서 연구를 하고 싶습니다."

"자네처럼 우수한 인재가 나와 함께 연구를 하겠다니 고맙네. 하지만 나의 스승인 톰슨 교수님이 어떻게 생각하실지……."

러더퍼드가 선뜻 결정을 내리지 못했어요. 그런데 보어가 러더퍼드와 함께 연구하고 싶다고 말하자, 뜻밖에도 톰슨은 격려하며 보내 주었어요.

"러더퍼드는 정말 우수한 학자라네. 그 밑에서 연구한다면 자네 역시 큰 도움이 될 거라 믿네."

"감사합니다."

보어는 곧바로 짐을 싸서 맨체스터로 향했어요.

러더퍼드의 알파 입자 산란 실험

보어가 러더퍼드와 함께 연구를 시작한 것은 1911년 말이었어요. 이즈음 러더퍼드는 톰슨의 건포도 푸딩 원자 모형으로는 뭔가 부족하다고 생각하고 다른 새로운 원자 모형을 연구 중이었어요. 러더퍼드가 생각한 원자 모형은 '태양계형 원자 모형'이에요. 전자가 원자핵 둘레를 도는 모양이, 태양계의 행성들이 태양의 둘레를 공전하는 모습과 비슷하다고 해서 이렇게 부른 것이지요.

러더퍼드가 태양계형 원자 모형의 아이디어를 얻은 것은 다음과 같은 실험 때문이었어요.

> 알파 입자는 양전기를 띤다.
> 알파 입자를 얇디얇은 금속판에 쏘았다.
> 대부분의 알파 입자는 그냥 통과했다.
> 그러나 몇몇 알파 입자는 튕겨 나왔다.

이것이 '러더퍼드의 알파 입자 산란 실험'이에요. 알파 입자는 방사능에 의하여 생기는 헬륨 원자핵인데, 러더퍼드는 알파 입자를 금속판에 쏘는 실험을 통하여 원자의 구조를 증명하려 했어요. 러더퍼드는 이 실험 결과를 어떻게 해석했을까요?

> 전기는 양전기든 음전기든 서로 마주치면
> 필연적으로 힘을 주고받는다.

전기끼리 주고받는 힘을 '전기력'이라고 해요. 전기력에는 밀치는 힘과 끌어당기는 힘이 있어요. 밀치는 힘은 '척력'이라 하고, 끌어당기는 힘은 '인력'이라고 하죠. 척력은 같은 전기 사이에서 작용하고, 인력은 다른 전기 사이에서 작용하는 힘이에요. 막대자석 두 개를 맞대어 본 적이 있나요? 같은 극끼리는 밀어내고, 다른 극이 닿으면 서로 끌어당겨서 붙어요. 전기도 마찬가지로 양과 양, 음과 음의 전기가 만나면 척력이 작용하고, 양과 음의 전기가 만나면 인력이 작용하지요.

> 알파 입자가 튕겨 나온다는 것은 전기력이 작용하고 있다는 뜻이다.
> 이 힘은 밀치는 힘(척력)이다. 밀치는 힘은 같은 전기 사이에서 나타난다.
> 알파 입자가 튕겨 나온 자리에는 알파 입자와 같은 종류의 전기,
> 즉 양전기가 있는 것이다. 알파 입자가 튕겨 나온 자리는 원자의 중심 부근이다.
> 양전기를 띠며 원자의 중심에 있는 이것을 원자핵이라 부르자.

이렇게 해서 원자 내부의 중요한 실체 하나가 밝혀졌어요. 러더퍼드는 이렇게 결론 내렸어요.

원자의 중심에는 원자핵이 자리하고 있으며, 원자핵은 양전기를 띠고 있다.

이외에도 러더퍼드는 이 실험에서 중요한 결론 하나를 더 얻게 되었어요. 어떤 것이었을까요?

톰슨과 러더퍼드 원자 모형의 차이

톰슨의 원자 모형과 러더퍼드의 원자 모형은 원자의 중심 부근과 전자의 위치 면에서 큰 차이가 있어요.

톰슨의 원자 모형	러더퍼드의 원자 모형
전자는 원자의 중심에 얼마든지 존재할 수 있다.	전자는 음전기를 띠고 있어서, 원자의 중심에는 절대로 존재할 수 없다.

그렇다면 러더퍼드의 원자 모형은 전자가 어떻게 배치되어 있어야 할까요?

> 알파 입자가 그냥 지나간다는 것은 밀치는 힘이 작용하지 않는다는 뜻이다.
> 밀치는 힘은 같은 전기끼리 만났을 때 작용한다.
> 양전기를 띤 알파 입자가 그냥 지나가는 자리에는 밀치는 힘이 작용하지 않고,
> 그 자리에 양전기가 없다는 뜻이다.
> 알파 입자가 그냥 지나가는 자리가 어디인가? 원자의 중심 바깥이다.
> 이곳에는 양전기가 존재해서는 안 되며, 음전기가 자리 잡는다.
> 그렇다면 원자의 중심 바깥에는 음전기를 띤 전자가 자리 잡게 되겠구나!

이렇게 해서 원자의 중심에는 양전기를 띤 원자핵이 있고, 원자의 중심 바깥에는 음전기를 띤 전자가 있는 러더퍼드의 원자 모형이 탄

생했어요.

<u>원자의 중심에는 양전기를 띤 원자핵이 있고,
원자의 중심 바깥에는 음전기를 띤 전자가 존재한다.</u>

러더퍼드의 태양계형 원자 모형

하지만 러더퍼드의 궁금증은 계속되었어요.

> 알파 입자는 원자의 중심 부근에만 다가가면 매번 튕겨 나온다.
> 이것은 원자핵이 항상 그 자리에 머물러 있기 때문에 가능한 현상이다.
> 그러면 원자핵은 움직이지 않는구나!
> 반면 전자는 어떨까? 전자는 원자의 중심 바깥에 있다.
> 중심에는 원자핵, 바깥에는 전자라는 상태가 계속 유지되려면
> 전자는 멈추어 있어서는 안 된다. 잠시라도 멈추어 있다간 자칫 원자핵에 끌려
> 들어갈 수 있기 때문이다. 다른 전기 사이에는 인력이 작용하니까.

물체가 원운동을 할 때는 두 가지 힘이 동시에 나타나게 되지요. 원의 중심으로 향하는 힘과, 원의 중심에서 멀어지려는 힘으로요. 원의 중심으로 향하는 힘은 '구심력'이라 하고, 원의 중심에서 멀어지려는 힘은 '원심력'이라고 해요.

이것을 염두에 두고 러더퍼드의 생각을 따라가 봐요.

> 전자는 원자핵에 끌려 들어가지 않기 위해 움직여야 한다.
> 그것도 빠르게 움직여야 한다.
> 전자의 이러한 움직임은 원자핵에서 멀어지는 힘으로 나타나는데 이 힘은 원심력이다.
> 전자는 원자핵에 끌려가지 않기 위해 원심력으로 벗어나려 하고
> 원자핵은 전자를 끌어당기는 구심력을 작용시킨다.
> 이 두 힘은 팽팽히 맞선다. 만약 그렇지 않다면?

 원심력과 구심력이 팽팽히 맞서지 못하고, 어느 한쪽의 힘이 강하게 되면 어떤 일이 벌어질까요? 원심력이 구심력보다 강하면 전자는 원자 밖으로 튀어나가게 될 거예요. 구심력이 원심력보다 강하면 전자는 원자핵에 달라붙게 될 테고요. 두 경우 모두 정상적인 원자의 모습이 아니에요.

> 전자는 원심력으로 자꾸 벗어나려 하고
> 원자핵은 전자를 구심력으로 자꾸 끌어당기려 한다.
> 벗어나지도 못하고, 끌려 들어가지도 않고, 가만히 멈추어 있을 수도 없는 상황이다.
> 이럴 때 전자가 할 수 있는 운동은 무엇이 있을까? 그렇다, 원운동이다.
> 자연스레 원을 그리며 운동할 수밖에 없다. 그러니까 전자는
> 원자핵 둘레를 공전할 수밖에 없는 것이구나! 태양 둘레를 도는 지구처럼 말이다.

 이것이 러더퍼드 원자 모형이 알려주는 원자핵과 전자의 모습이에요. 모양이 태양계의 행성이 태양 둘레를 공전하는 것과 비슷하잖아

요. 그래서 러더퍼드의 원자 모형을 태양계형 원자 모형이라고 부르는 거예요.

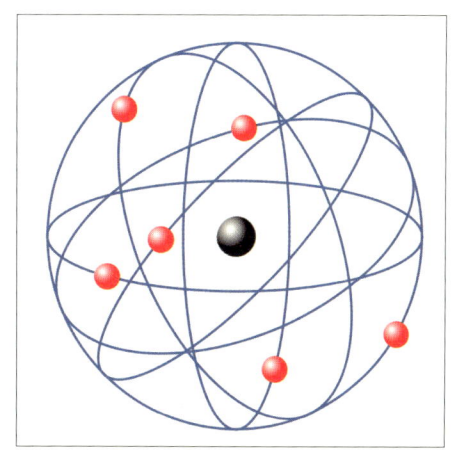

러더퍼드의 태양계형 원자 모형

원자 이야기

양자론은 원자 속의 세상을 다루지요. 하지만 원자는 양자론이 탄생하면서 처음 등장한 것은 아니에요.

이미 오래전인 고대 그리스의 자연 철학자인 데모크리토스는 이렇게 생각했어요.

"물체를 끝없이 잘게 나눌 수는 없다."

세상 만물이 더는 나누어지지 않는 작은 알갱이로 이루어져 있다고 본 것이지요. 데모크리토스는 이런 쪼갤 수 없는 작은 알갱이를 '아토마(atoma)'라고 불렀어요. 이것이 원자라는 뜻의 '아톰(atom)'이 되었지요.

데모크리토스는 원자에 다음과 같은 특성이 있다고 믿었어요.

"원자는 굉장히 많이 존재하고, 허공을 쉴 새 없이 떠돌아다니고, 만들 수도 쪼갤 수도 없다."

이처럼 데모크리토스는 자연 현상에 신을 끌어들여서 설명하지 않았어요. 원자를 물질의 근원이라고 보고 자연 현상을 설명하려고 한 것이지요. 2500여 년 전에 이런 생각을 했다는 것이 정말 놀라워요.

하지만 데모크리토스의 원자 이론은 인정을 받지 못했어요.

"감히 무례하게도 어떻게 신을 떼어내 버리고 자연 현상을 설명한다는 거야!"

당시 사람들은 데모크리토스의 생각을 내치면서 인정하지 않았어요. 그러다 보니 원자에 대한 연구는 더 발전하지 못했어요. 그러다 18세기에 들어 화학적 원자론의 창시자인 존 돌턴이 데모크리토스의 원자론을 재조명하면서 양자론 발견까지 이어지는 발전의 씨앗이 되었어요.

4장

원자는 어떤 모양일까?

러더퍼드 원자 모형의 문제점

러더퍼드의 원자 모형은 원자의 실체에 대해 다음과 같은 사실을 알려 주었어요.

원자의 중심에는 양전기를 띤 원자핵이 머물러 있고, 원자의 중심 바깥에서는 전자가 공전하고 있다.

알파 입자 산란 실험 이후 러더퍼드의 원자 모형은 과학계에서 큰 호응을 받았어요.

"원자의 실제 모형은 건포도형보다 태양계형에 더 가깝다."

물리학자들의 생각은 이렇게 모였지만, 태양계형 원자 모형도 문제가 없는 것은 아니었어요. 러더퍼드도 잘 알고 있었고요.

전자가 운동하면 에너지가 감소한다

러더퍼드는 고민에 빠졌어요.

> 고전 물리학에 따르면 전기를 띤 입자가 움직이면 반드시 전자기파를 방출한다.

움직이는 전자는 '전자기파'를 방출해요. 이 원리를 '전자기 유도 원리'라고 해요. 이것은 우리의 실생활에 매우 유용하게 적용되고 있는 이론이에요. 우리가 집에서 뉴스와 드라마를 시청하고, 휴대전화로 통화할 수 있는 것도 다 이 원리 덕분이지요.

> 전자는 원자핵 둘레를 돈다. 움직이는 전자는 전기를 띠고 있으니 고전 물리학의 전자기 유도 원리에 따라 어떤 식으로든 전자기파를 방출한다.

에너지에는 여러 종류가 있어요. 운동에너지, 위치에너지, 열에너지 등등이요. 전자기파는 전기에너지이지요.

> 전자기파는 에너지이므로 전자기파를 방출하는 것은 에너지를 방출하는 것과 같다.

그래요. 원자핵 둘레를 회전하는 전자는 반드시 에너지를 방출할 수밖에 없다는 얘기가 되는 것이지요.

> 전자가 에너지를 방출하면 전자의 에너지가 감소한다.
> 전자의 에너지가 감소하면 전자의 운동 속도는 느려지겠지.
> 전자의 운동 속도가 느려지면
> 원자핵 둘레를 돌면서 그리는 원의 크기가 작아지게 될 것이다.

전자가 원자핵 둘레를 돌면서 그리는 원의 크기가 작아지는 것을, 좀 어려운 말로 '전자의 회전 반경이 짧아진다.'라고 표현해요.

> 전자의 회전 반경이 짧아지면 전자가 원자핵에서 가까워진다.
> 이렇게 회전 반경이 짧아지고 짧아지다 보면 결국 어떤 일이 일어날까?
> 전자가 원자핵에 붙들리는 일이 일어나겠지?
> 전자와 원자핵은 서로 다른 전기를 띠고 있으니
> 한번 달라붙으면 좀체 떨어지지 않을 것이다.

이 현상은 전자가 원자핵 쪽으로 끌려 들어가서 달라붙고 마는 것에 그치지 않아요.

전자가 원자핵에 끌려가지 않는 이유

리더퍼드는 전자의 회전 반경이 짧아지는 문제에 관해 계속 생각했어요.

> 원자가 원 모양이라고 하면 원자의 크기는 원의 크기라고 볼 수 있다.
> 원은 반지름이 짧을수록 크기가 작다. 원자도 마찬가지다.
> 원자핵에서 전자까지의 거리가 짧을수록 원자는 작다.
> 전자가 원자핵에 끌려 들어갈수록 반지름은 짧아진다.
> 원자가 계속 작아지는 것이다. 원자가 계속 작아지면
> 연필도, 공책도, 숟가락도, 자동차도, 집도, 학교도, 개와 고양이도,
> 사람도 계속 작아져야 한다.
> 왜냐하면 이 세상 모든 것은 다 원자로 이루어졌기 때문이다.
> 그러면 세상 모든 것이 다 작아지는 중일까?
> 아니다. 원자는 작아지지 않는다.
> 이것은 전자가 끌려 들어가지 않는다는 뜻이다.
> 왜 이런 결과가 나타나는 걸까?

러더퍼드의 원자 모형은 이러한 모순을 피할 수가 없었어요. 이 문제점을 어떻게 해결해야 할까요?

전자는 궤도를
돌아요

전자의 회전 반경이 짧아지면 전자가 원자핵에 점점 더 가까이 붙을 텐데, 왜 원자로 이루어진 사물들이 작아지지 않을까요? 러더퍼드 이론에 어떤 오류가 있었던 것일까요? 이 문제를 해결한 사람은 다름 아닌 보어였어요. 보어는 이렇게 생각했어요.

> 고전 물리학에 따르면 전자는 반드시 원자핵에 끌려 들어가야 한다.
> 하지만 전자가 원자핵으로 끌려 들어가는 일은 발생하지 않는다.
> 실제와 예측이 다른 것이다. 중요한 것은 실제다. 예측은 언제든지 틀릴 수 있다.
> 예측이 맞지 않으면, 적용한 원리를 버려야 한다.

결론적으로는 보어의 이런 시도는 탁월했어요. 보어는 전자의 운동과 관련한 러더퍼드 이론의 오류를 바로잡기 위해 고전 물리학의 예측을 과감히 배제했어요.

> 고전 물리학의 개념 중에서 원자 내부에 적용할 수 없는 개념으로 연속성이 있다. 연속성을 피해야 한다는 얘기다.
> 그렇다면?
> 아하, 불연속성을 적용해야 하는 것이다!

이즈음 불연속성은 첨단 물리학을 연구하는 학자들에게는 낯선 개념이 아니었어요. 보어는 불연속성을 전자의 운동에 도입하려 했어요.

> 플랑크가 밝힌 것처럼 에너지도 불연속적이고,
> 아인슈타인이 알아낸 바대로 빛도 불연속적이다.
> 그렇다면 전자가 도는 길, 즉 전자의 궤도도
> 불연속이 되지 않는다는 법이 없을 것이다.
> 1층, 2층, 3층, 4층, 5층처럼 전자의 궤도가 층을 이루고 있다면
> 전자의 궤도는 불연속이 된다.
> 어떤 전자는 1층 궤도에서만 움직이고 어떤 전자는
> 2층 궤도에서만 움직이고 또 어떤 전자는 3층 궤도에서만 움직인다면
> 전자가 원자핵으로 끌려 들어갈 일은 없을 것이다.
> 그렇다면 전자가 불연속적인 궤도에서만 움직인다고 가정하고 수식을 유도해 보자.

보어는 이런 아이디어에 바탕을 두고 밤을 새워 가며 수식과 씨름했어요. 그 결과가 어떠했을지는 짐작할 수 있겠죠? 그래요. 러더퍼드의 원자 모형이 해결하지 못한 숙제를 거뜬히 풀어냈어요.

이렇게 해서 플랑크의 에너지 양자와 아인슈타인의 광양자에 이어 전자 궤도까지, 원자 세계의 불연속성이 확인되었어요.

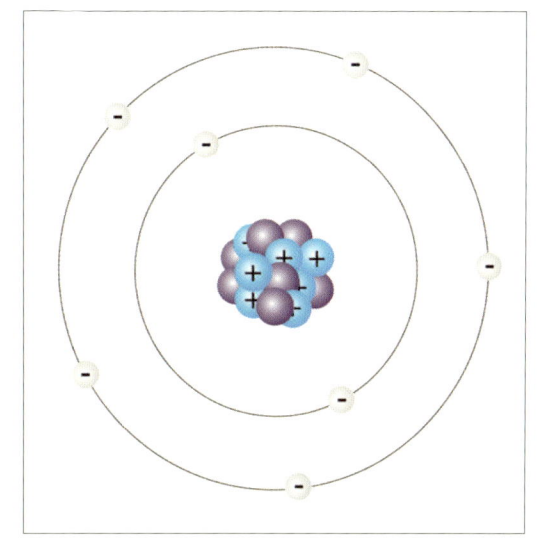

닐스 보어의 원자 모형

닐스 보어와 노벨상 이야기

　닐스 보어의 전자 궤도 이론은 완벽한 이론이 아니었지만 그를 세계적인 물리학자의 반열에 올려놓는 일등 공신이 되었어요. 보어의 명성은 하루가 다르게 높아졌고 노벨 물리학상 수상도 먼 얘기만은 아니게 되었어요.
　노벨상 수상자가 한 명도 없는 나라일수록 수상자가 나오기를 바라는 마음이 더 크지요. 보어가 전자 궤도 이론을 발표하고 유명세를 치를 즈음의 덴마크가 그랬어요. 덴마크는 1920년까지 노벨 물리학상 수상자를 배출하지 못하고 있었어요. 덴마크는 보어에게 전폭적인 지원을 아낌없이 해 주기로 뜻을 모았지요.
　1921년 3월, 적지 않은 기부금이 모였어요. 보어는 이 기부금을 코펜하겐 대학교에 세계 최고 수준의 물리학 연구소를 짓는 데 사용했어요. 보어의 물리학 연구소는 최첨단 연구 시설을 갖추었고, 전 세계의 천재적인 인재들의 발길로 늘 분주했어요.(이 연구소는 나중에 닐스 보어 연구소로 이름이 바뀌었어요.) 닐스 보어가 뛰어난 인재들과 연구를 이어 가던 중, 1921년 10월 노벨 물리학상 발표일이 다가왔어요. 덴마크 정부와 국민들은 이번에는 닐스 보어가 받게 되지 않을까 기대했지요. 하지만 닐스 보어는 노벨상을 받지 못했어요. 노벨 위원회는 1921년 노벨 물리학상 수상자가 없다고 발표했기 때문이에요.
　하지만 이듬해 노벨 위원회는 알베르트 아인슈타인을 1921년도 노벨 물리학상 수상자로, 닐스 보어를 1922년도 노벨 물리학상 수상자로 발표했어요. 아인슈타인은 광양자 가설로 광자 효과의 메커니즘을 규명한 공로로 노벨상을 받았고, 보어는 원자의 구조와 원자에서 방출되는 복사선 연구에 대한 공로로 노벨상을 받았어요.

닐스 보어 연구소

5장

점점 깊어지는 양자론 연구

전자 궤도 이론의 문제점

보어는 '전자 궤도 이론'으로 러더퍼드의 원자 모형이 안고 있는 모순을 해결해 냈어요. 하지만 보어의 전자 궤도 이론이 만능은 아니었어요. 물리학자들의 고민은 다시 시작되었지요.

원자 속의 전자는 전자기파를 방출하고, 이 전자기파는 빛의 형태로 원자 밖으로 나오지요. 이때 빛은 파장에 따라 분산을 일으키며 원자마다 고유한 스펙트럼을 만들어요. 이렇게 빛을 스펙트럼으로 나누어 연구하는 학문을 '분광학'이라고 불러요. 분광학은 양자 개념이 나오기 전부터 발전해 있었고, 수소 원자에 대한 스펙트럼은 이미 알려져 있었어요.

자, 그럼 여기서 질문 하나 할게요.

"우주에 존재하는 원자 중에서 가장 단순한 원자는 무엇일까요?"

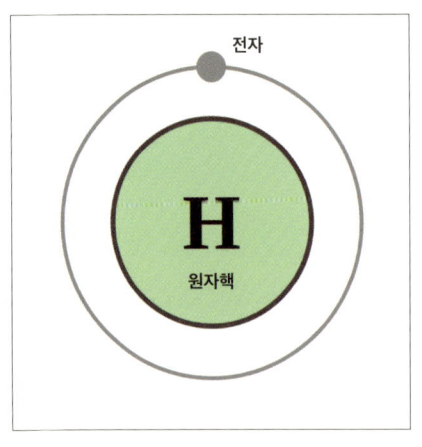

수소 원자

답은 수소 원자예요.

수소 원자는 원자핵과 전자 한 개로 이루어져 있어요. 원자핵 둘레를 전자 하나가 공전하는 거지요.

수소 원자는 하나의 전자가 전자기파를 내놓기 때문에 스펙트럼이 그다지 복잡하지 않아요. 가장 기본이 되는 스펙트럼이에요.

보어의 전자 궤도 이론은 수소 원자의 스펙트럼과 잘 맞아떨어져요. 수소 원자만 놓고 보면, 백점짜리 이론인 셈이지요.

그런데 문제는 그다음 원자부터였어요. 수소 원자 다음으로 간단한 원자는 헬륨 원자예요. 전자가 두 개인 원자이지요. 헬륨 원자만 해도 보어의 전자 궤도 이론은 잘 들어맞지 않아요. 그렇다면 헬륨 원자보다 복잡한 원자는 더 말할 필요가 없겠지요. 이렇듯 보어의 전자 궤도 이론은 완벽한 이론이 아니었던 거예요. 양자론이 한 단계 도약하려면 이것을 어떻게든 해결해야 했지요.

양자론의 도약

1922년 초여름이었어요. 보어는 독일의 괴팅겐 대학교에서 강연 중이었어요. 그 자리에는 갓 스무 살을 넘긴 베르너 하이젠베르크가 있었어요. 당시 하이젠베르크는 뮌헨 대학교의 물리학과 박사 과정 중인 학생이었어요. 강연 중에 하이젠베르크가 손을 번쩍 들었어요.

"질문이 있습니다, 보어 교수님."

"네, 얘기해 보세요."

"교수님은 전자 궤도 이론이 완벽하다고 보시나요? 제가 몇몇 논문을 찾아 보았더니 논쟁거리가 되기에 충분할 듯싶습니다."

보어는 하이젠베르크의 질문을 받고 움찔했어요.

'아, 그때가 생각나는구나!'

보어는 10여 년 전 케임브리지에서 톰슨 교수의 책에 오류가 있다고 당돌하게 말했던 자신의 모습이 떠올랐어요.

"좋은 질문이네요."

보어는 당황했지만 최선을 다해 설명을 했어요.

강연이 끝난 뒤 보어가 하이젠베르크를 조용히 불렀어요.

"이름이 어떻게 되나요?"

"베르너 하이젠베르크입니다."

"시간이 괜찮다면 우리 산책이나 할까요?"

보어와 하이젠베르크는 아름다운 숲속으로 난 오솔길을 따라 산책하듯 걸었어요. 두 사람은 시간 가는 줄 모르며 양자론에 대해 진지하게 대화를 나누었지요. 교수와 학생으로서가 아닌, 같이 공부하는 학자와 학자로서 말이지요.

하이젠베르크는 훗날 이 대화를 이렇게 떠올렸어요.

"그날의 대화는 나의 학문적 발전을 위해 소중하고 값진 경험이었습니다. 아니, 나의 학문적인 성장은 그날의 대화 이후에 비로소 본격적인 성장을 했다고 하는 게 옳은 표현일 것입니다."

보어는 하이젠베르크에게 부드러운 목소리로 이렇게 제안했어요.

"코펜하겐 대학교의 물리학 연구소를 꼭 한 번 방문해 주세요. 좀 더 오래 진지하게 논의를 해 보고 싶군요."

하이젠베르크는 흔쾌히 수락했어요.

"꼭 방문하겠습니다. 감사합니다, 교수님."

1922년의 여름은 이렇게 지나갔어요.

어느덧 가을로 접어들었고, 노벨상 발표 시즌이 찾아왔어요. 덴마크 국민 모두가 고대하던 소식이 마침내 전해졌어요. 보어가 노벨 물리학상을 받게 된 거예요.

양자론의 완성을
향하여

1923년 여름 하이젠베르크의 박사 학위 논문이 간신히 통과되었어요. 간신히 통과되었다는 말에서 예측할 수 있듯, 하이젠베르크는 박사 학위를 못 받을 수도 있었어요. 당시 독일의 물리학과 박사 과정을 통과하기 위해서는 이론 시험뿐만 아니라 실험 시험도 통과해야 했어요. 이론 성적이 아무리 우수해도 실험 성적이 좋지 않으면 박사 학위를 받을 수 없었던 것이지요. 하이젠베르크의 이론 성적은 무척 뛰어났지만 실험 성적은 별로 좋지 않았어요.

간신히 박사 학위를 받은 하이젠베르크는 홀가분해진 마음으로 코펜하겐 물리학 연구소를 방문했어요. 보어는 오랜 친구를 만난 듯 반갑게 맞이했죠.

두 사람은 산책을 하며 대화를 나누었어요. 하이젠베르크는 이후에도 코펜하겐 물리학 연구소를 여러 차례 방문했고, 세상 돌아가는 이야기에서부터 원자론에 이르기까지 다양한 이야기를 나누었어요. 물론 두 사람의 최대 관심사는 양자론이었어요. 대화는 하이젠베르크가 묻고 보어가 대답하는 방식이었어요. 결론을 내는 게 아니라 서로의 의견을 주고받는 식이었어요.

주제: 고전 물리학에 대해

 고전 물리학으로 원자론을 이해하는 데는 한계가 있다고 보는 쪽이 있는가 하면, 고전 물리학을 어떻게든 끝까지 지키려는 분들이 있습니다. 이에 대한 교수님의 의견은 어떠한가요?

 고전 물리학으로 원자 내부를 완벽하게 설명할 수 있다면야 금상첨화겠지요. 하지만 그게 그분들의 뜻대로만 되어 가지는 않는 듯싶군요.

주제: 태양계 원자 모형에 대해

 태양계 원자 모형이 시각적으론 그럴듯하지만, 실체와는 거리가 멀다고 보는 견해에 대해선 어떻게 보시는지요?

 원자 내부의 실체를 알아 가고 있는 단계잖아요. 옳고 그름을 판단하기에 아직은 이른 것 같군요.

주제: 전자 궤도 이론에 대해

 전자 궤도 이론이 완벽하다고 보시는지요?

 내 이론이니 원자의 구조를 완벽하게 설명한 것이길 바라지만, 바람대로 될 것 같지 않네요. 허점이 드러나고 있는 것 또한 사실이니까요.

주제: 전자의 관측 가능 여부에 대해

 전자 궤도를 관측할 수 있을까요?

 아직까지는 불가능하다고 보는 게 합당할 거예요. 하지만 실험 기술이나 장비가 좋아지면 관측할 수도 있지 않을까 싶어요.

주제: 관측과 계산에 대해

 전자 궤도를 관측할 수 없다면 이론으로 계산하는 것이 의미가 있을까요?

 관측할 수 없다는 것은 현재의 수준이지, 앞으로도 영원히 그럴 거라는 뜻은 아니지요. 만약 관측이 영원히 불가능하다고 해도, 이론적인 계산은 계속되어야 할 거예요. 그게 이론 물리학자들의 매력적인 무기이기도 하니까요.

주제: 원자 구조의 연구에 대해

 원자론이 발전하려면 현상을 이해하려는 시도 자체를 포기해야 한다는 의견이 있습니다. 이에 대해서는 어떻게 보시는지요?

 양자론을 탐구하면서 매일 느끼는 거지만, 원자의 구조와 현상은 기존의 물리학 사고 체계를 벗어나서 생각해야 해요. 원자 내부에서 일어나는 현상을 이해하려는 시도 자체를 포기하고서라도 원자의 구조와 현상을 규명해야 한다는 학문적 의욕을 담은 의견이 아닐까요?

주제: 원자의 오묘함에 대해

 원자의 구조는 파면 팔수록 오묘한 것 같습니다.

 원자 구조를 설명하는 것은 시를 쓰는 것과 비슷하지 않나 싶어요. 현재로서는 이것이 원자 구조를 표현할 수 있는 최선이 아닐까 싶군요.

행렬 역학의 탄생

두 사람의 대화를 통해 원자 구조를 바라보는 하이젠베르크의 시각은 더욱 날카로워졌고 원자의 실체를 알아내고야 말겠다는 자신감은 점점 커졌어요.

'눈에 보이지 않는 세상은 오묘한 세계임에 틀림이 없다. 물리학자

로서 충분히 도전해 볼 만한 가치가 있는 세계인 것 같아.'

하이젠베르크의 자신감은 확신으로 이어졌어요.

'원자 구조와 내부 현상을 설명하기 위해서 고전 물리학을 뛰어넘는 새로운 이론을 반드시 만들어 내고야 말겠어.'

하이젠베르크는 이렇게 다짐했어요.

하지만 하이젠베르크는 1925년 봄부터 고초열에 심하게 시달렸어요. 고초열은 꽃가루 때문에 일어나는 알레르기성 비염이에요. 고초열 증상이 얼마나 심했던지 얼굴이 퉁퉁 부어오를 정도였지요. 어쩔 수 없이 하이젠베르크는 독일 북쪽의 자그마한 섬인 헬골란트로 2주간 휴양을 떠났어요. 그런데 여기서 또 한 번의 양자론 혁명이 일어나게 되지요.

하이젠베르크는 침대에 누워 북해를 바라보며 생각에 잠겼어요.

> 물리학에는 물리량이 있다. 위치, 시간, 속도, 열량, 에너지 같은 것이 물리량이다.
> 수학에는 좌표와 변수가 있다. X 좌표, Y 좌표, Z 좌표, 변수 A, 변수 B, 변수 C와 같은 것이 수학의 좌표와 변수다.
> 물리량은 실험으로 측정하고 확인한다.
> 수학의 좌표와 변수는 굳이 실험으로 측정하고 확인할 필요가 없다.
> 그래서 이론 물리학자는 수학을 즐겨 사용한다. 아니, 필수적으로 사용해야 한다.
> 좌표와 변수를 이용해 훌륭한 이론적 결과물을 유도해 낼 수 있기 때문이다.

바람이 하이젠베르크의 머리카락을 흔들었어요.

> 원자 속 전자의 궤도 문제를 푸는 데 이런 방식을 채택해 보면 어떨까?
> 전자의 궤도 운동을 가능하게 하는 물리량이
> 수학의 좌표와 변수가 될 수 있을까?
> 그래, 전자의 속도와 위치와 에너지를
> 수학의 좌표와 변수로 적절히 바꾸어서 계산해 보자.

집으로 돌아온 하이젠베르크는 밤을 지새우며 수식과 씨름했고, 마침내 결과가 나왔어요.

'그런데 이게 뭐지?'

하이젠베르크는 난감했어요. 눈앞에 펼쳐진 것은 요상하기 짝이 없는 형식이었어요. 기호와 숫자가 바둑판 모양으로 나열돼 있었지요.

'수식이라고 할 수도 없고, 방정식이라고 할 수도 없네?'

하이젠베르크는 기호와 숫자를 더해 보기도 하고 곱해 보기도 했어요. 도통 알 수 없는 여러 형태의 답이 나왔어요. 이것이 물리학적으로 가치가 있는지 없는지, 가치가 있다면 어떤 의미를 담고 있는지 판단해야 했지요. 이것이 위대한 물리학자이냐 아니냐를 판가름하는 잣대였어요.

휴양하는 동안 고초열 증상이 많이 좋아진 하이젠베르크는 괴팅겐으로 돌아와서 스승인 막스 보른에게 자신이 휴양지에서 얻은 결과물을 보여 주었어요.

"선생님, 제가 이런 식을 만들어 보긴 했는데, 난생처음 보는 형태여서요."

"어디 한번 볼까?"

보른은 식을 보자마자, 반가운 친구를 만난 듯 환하게 웃었어요.

"수학자들은 이러한 형태를 행렬이라고 부른다네."

난생처음 보았다고 생각한 수식 형태가 수학에서는 널리 쓰이는 것이라니 정말 다행이었어요. 하이젠베르크와 보른은 함께 연구하면서 이것이 원자 속 전자의 운동을 명쾌하게 설명해 준다는 사실을 알아냈어요. 하이젠베르크의 행렬식은 보어의 전자 궤도 이론이 넘지 못한 벽을 단번에 허물어 버리고 만 것이지요. 하이젠베르크가 이룩한 이 이론 체계를 '행렬 역학'이라고 불러요.

행렬 역학의 발견으로 양자론은 한 단계 높은 문으로 들어서게 되었어요. 하이젠베르크는 이 업적을 높이 인정받아 1932년도 노벨 물리학상을 수상했답니다.

현대 물리학과 양자론 퀴즈

이 책은 양자론에 관한 것이지만, 고전 물리학과 현대 물리학에 대한 설명도 들어 있어요. 여러분이 얼마나 잘 이해했는지 간단히 퀴즈를 내 볼게요.

퀴즈1) 고전 물리학과 현대 물리학
다음 중 고전 물리학으로 설명할 수 없는 현상은 무엇일까요?
① 승용차가 빙판길에서 미끄러지는 거리
② 도르래가 쇳덩이를 끌어올리는 힘
③ 인공위성의 궤도와 속력
④ 지구에서 태양까지의 거리
⑤ 라디오 방송국에서 송출한 전자기파의 광자 에너지

퀴즈2) 상대성 이론과 양자론
다음 중 양자론으로 설명할 수 있는 현상은 무엇일까요?
① 광속의 90%로 날아가는 우주선의 길이
② 광속의 95%로 비행하는 로켓의 질량
③ 광속의 99%로 움직이는 우주 비행사가 느끼는 시간
④ 원자폭탄이 방출한 에너지
⑤ 수소 원자의 스펙트럼

정답

1. ⑤

광자 에너지는 현대 물리학으로 설명할 수 있어요.

2. ⑤

수소 원자의 스펙트럼은 양자론으로 설명할 수 있고,
①②③④는 아인슈타인의 상대성 이론으로 설명할 수 있어요.

로켓 발사

6장

양자론에서
양자 역학으로

파동이지만 입자인
양자 세상

하이젠베르크는 보어의 전자 궤도 이론이 해결하지 못한 문제를 행렬 역학으로 명쾌하게 설명해 냈어요. 행렬 역학은 입자의 측면에서 설명한 이론이지요.

아인슈타인은 이런 말을 했어요.

**"빛은 어떤 때는 입자처럼 행동하고,
어떤 때는 파동처럼 행동한다."**

아인슈타인의 이 말을 전자에 적용하면 다음과 같은 상황이 만들어지지요.

전자는 어떤 때는
입자처럼 행동하고

어떤 때는
파동처럼 행동한다.

"전자는 어떤 때는 입자처럼 행동하고, 어떤 때는 파동처럼 행동한다."

전자가 파동처럼 행동한다면, 전자의 운동을 파동의 측면에서 설명할 수 있는 이론이 등장해야 할 거예요. 하이젠베르크와는 다른 시각에서 전자의 운동을 묘사하는 이론이 나와야 하는 것이지요.

이것이 가능할까요?

루이 드브로이

루이 드브로이는 프랑스 브로이 공작의 5남매 중 막내로 태어났어요. 어려서부터 인문학에 관심이 많아서 소르본 대학교에 들어가서 중세사와 법학을 공부했지요. 이때까지만 해도 루이 드브로이의 꿈은 프랑스의 관료가 되는 것이었어요.

그러나 물리학을 전공한 친형 모리스 드브로이의 영향으로 물리학에 발을 들이게 되었지요.

모리스 드브로이는 X선 분광학에 관심이 많은 물리학도였어요. 그런데 1906년 아버지가 갑작스레 돌아가시면서 공작 작위를 물려받아야 했어요. 어쩔 수 없이 물리학자로서의 꿈을 접을 수밖에 없었지요. 하지만 그렇다고 물리학에 대한 열정까지 접은 것은 아니었어요.

모리스 드브로이는 동생과 이야기를 나눌 때면 상대론과 양자론에 대해 들려주었어요. 루이 드브로이는 물리학에 매력을 느끼기 시작했고, 물리학을 전공하기로 결심했어요. 모리스 드브로이의 못다 이룬 꿈은 이제 루이 드브로이의 몫으로 남겨지게 되었지요.

빛이 입자가 되는 양자 세상

　　　　　루이 드브로이는 1913년 소르본 대학교 물리학과를 졸업하고, 군 복무를 하기 위해 군대에 들어갔어요.

　루이 드브로이의 군 복무가 끝날 무렵 제1차 세계 대전이 발발했어요. 큰 전쟁이 일어나자 드브로이의 제대는 미뤄지고, 군대 생활은 자연스레 길어질 수밖에 없었지요. 그나마 공작 가문이라는 지위 덕분에 전투가 치열한 전방에 투입되지는 않았어요. 그는 에펠탑에 올라 무전을 송수신하고, 무전 시스템을 개선하는 일을 했지요. 그러면서 시간이 날 때면 파동과 양자 세상의 관계를 머릿속으로 정리해 보곤 했어요.

> 빛은 일상적인 시각에서는 물결처럼 움직인다.
> 파동처럼 운동하는 것이다.
> 전자기파가 이를 명징하게 보여 준다.
> 그러나 작디작은 세상, 양자의 세계로 들어가면 빛의 움직임이 달라진다.
> 입자처럼 운동하는 것이다.
> 빛이 광양자로 이루어져 있어서다. 이는 아인슈타인이 확인했다.
> 그렇다, 일상에서는 파동처럼 운동하는 빛이

> 원자 내부에서는 입자처럼 운동하는 요상한 일이 벌어지는 것이다.
> 입자는 알갱이이니 불연속의 특징을 보인다.
> 원자 내부와 같은 미시 세계에선
> 불연속성이 두드러지게 나타나는 것이다.
> 이는 플랑크와 아인슈타인, 보어와 하이젠베르크를 거치면서 확고해졌다.

드브로이의 파동과 양자에 대한 탐구는 물리학 박사 학위를 받을 즈음에 절정에 이르렀어요. 1923년 드브로이는 양자론의 발전에 큰 기여를 남긴 혁신적인 생각을 떠올렸어요.

> 빛은 일상에서는 파동이지만, 양자 세상에서는 입자가 된다.
> 파동이 입자가 되는 것이다.
> 이처럼 양자 세상은 요상한 세계다.
> 상식이 통하지 않은 세상인 것이다.
> 잠깐, 상식이 통하지 않는다면?

드브로이의 생각이 꼬리에 꼬리를 물었어요.

> 물질을 파동이라 보는 사람은 없다.
> 물질은 누가 보아도 입자로 똘똘 뭉쳐 있지 않은가.
> 빛도 그러하다.
> 빛을 입자라고 보는 사람은 없었다.

파동으로 이루어져 있다고 보았다.
그러나 양자 세상으로 들어가면,
파동인 빛이 입자로 변해 버리는 것이다.
그렇다면 반대의 경우도 있지 않을까?
일상에서는 입자처럼 보이는 물질이 양자 세상으로 들어가면
파동으로 변하지 않는다는 법은 없을 것이다.

드브로이의 이러한 추론은 "빛은 어떤 때는 입자처럼 행동하고, 어떤 때는 파동처럼 행동한다."는 아인슈타인의 주장과 맥을 같이했어요. 빛이 물질로 바뀌었을 뿐이니까요.

물질이 파동이 되는 양자 세상

드브로이의 생각은 계속되었어요.

전자는 물질이고 입자다.
양자 세상으로 들어가면 입자인 물질이
파동으로 변하지 않는다는 법이 없다.
따라서 전자 또한 양자 세상에서는
파동처럼 행동하지 않는다는 법이 없을 것이다.

1923년 10월, 드브로이는 세 편의 논문을 연이어서 프랑스 학회지

에 발표했어요. 논문은 "물질은 파동으로 변할 수 있고, 전자는 파동성을 띨 수 있다."는 생각을 고스란히 담고 있었어요.

드브로이는 이 논문들을 한데 모아 물리학과의 박사 학위 논문으로 제출했어요.

담당 교수였던 폴 랑주뱅은 드브로이의 논문을 받아들고 당황했어요.

'아, 혼란스럽다. 연구와 논문은 훌륭하지만 양자 개념을 이끌어 가는 논리가 너무 파격적이구나!'

랑주뱅은 고민에 고민을 거듭하다 친분이 있는 베를린 대학교 물리학과 교수인 아인슈타인에게 전화를 걸었어요.

"너무 당황스러운 논문이라서 저로서는 어떻게 받아들여야 할지 모르겠습니다. 교수님께 조언을 구할까 합니다."

"어떤 내용인가요?"

랑주뱅은 논문에 대해 대략적으로 설명했어요.

"자세히 읽어 보고 싶습니다. 우편으로 보내 주십시오."

아인슈타인은 드브로이의 논문을 읽고 랑주뱅에게 다음과 같은 의견을 건넸어요.

"루이 드브로이의 연구는 물리학에 드리워져 있는 거대한 장막을 걷어 내는 큰 업적이 될 것 같습니다."

아인슈타인의 답장을 받은 랑주뱅은 제자의 연구가 인정받아 기뻤어요. 그리고 얼마 뒤 1924년 11월 드브로이의 박사 학위 논문은 통과되었어요.

드브로이의 연구를 주목한 아인슈타인은 여기서 그치지 않고 1924년

12월 네덜란드의 물리학자 헨드릭 로런츠에게 드브로이의 논문을 극찬하는 편지를 보냈어요.

"최근에 프랑스의 드브로이라는 물리학도가 양자 법칙과 관련된 인상적인 결과를 얻어 냈습니다. 그의 이론이 이제까지 풀지 못한 물리학의 수수께끼를 푸는 열쇠가 될 거라고 봅니다."

드브로이는 양자론의 발전에 기여한 공로로 1929년 노벨 물리학상을 받았어요. 한편 드브로이의 이론을 실험으로 증명한 클린턴 데이비슨과 조지 톰슨이 1937년에 노벨 물리학상을 함께 받기도 했어요.

슈뢰딩거의
파동 역학

루이 드브로이는 전자가 파동의 특성을 보인다는 사실을 밝혔어요. 전자가 파동처럼 행동한다는 것이 명백해졌으니, 전자의 운동을 파동의 측면에서 설명하는 이론이 나와야 할 거예요. 이 일은 오스트리아의 물리학자인 에르빈 슈뢰딩거의 몫이었어요.

슈뢰딩거는 오스트리아의 빈 대학교 물리학과에서 박사 과정을 마치고, 1년여 간 군복무를 했어요. 제대 후 곧바로 대학으로 돌아왔지만, 그해에 제1차 세계 대전이 발발하면서 포병 장교로 참전했어요.

이후 빈 대학교로 다시 돌아와서 부교수까지 승진했고, 1921년 스위스의 취리히 대학교로 옮겨 이론물리학 정교수가 되었어요.

하지만 슈뢰딩거는 취리히 대학교의 교수로 학생들을 가르친 지 몇 달 되지 않아 폐결핵 진단을 받았어요. 의사는 공기 좋은 곳에 가서 휴양할 것을 권했지요. 슈뢰딩거는 스위스의 다보스 근처에서 9개월 남짓 머물렀어요.

건강을 회복한 슈뢰딩거는 1922년이 끝나갈 즈음 취리히 대학교에 복귀해서 강의와 연구로 빠듯한 나날을 보냈어요. 하지만 폐결핵에 걸렸던 몸이어서 조금만 무리하면 금방 피로해졌지요.

'아, 연구할 게 많은데······.'

슈뢰딩거는 초조했어요. 그의 나이가 어느덧 30대 중반이었거든요. 양자론의 발전

에르빈 슈뢰딩거

에 기여한 물리학자들은 대부분 20대에 걸출한 논문을 내놓았지요. 아인슈타인도 그랬고, 보어도 그랬고, 하이젠베르크도 그랬어요. 반면 슈뢰딩거는 제대로 된 논문 한 편 발표하지 못하고 있었어요.

슈뢰딩거는 다시 한번 마음을 다잡고 연구에 매달렸어요. 그리고 1925년 11월, 마침내 연구 성과가 나타나기 시작했어요. 세상에 내놓아도 부끄럽지 않을 성과였지요. 슈뢰딩거는 기쁜 마음에 아인슈타인에게 편지를 보냈어요.

"교수님, 제가 원자 세계의 파동성과 관련한 멋진 식을 얻은 것 같습니다. 루이 드브로이의 논문에 견줄 만한 의미 있는 것이라 여겨집니다."

20일쯤 지나서 취리히 대학교에서 파동성을 주제로 한 세미나가 열렸어요. 그곳에서 슈뢰딩거는 전자의 파동성을 보여 주는 식, 그러니

까 파동 방정식이 필요하다는 사실을 다시 한번 절실히 느끼고 깨달았어요.

슈뢰딩거는 자나깨나 전자의 파동 방정식만 생각했어요.

"크리스마스가 며칠 안 남았구나."

슈뢰딩거는 스위스 다보스로 여행을 떠났어요. 옷가지를 포개어 넣은 짐 가방 속에는 연구 노트와 루이 드브로이의 논문도 함께 들어 있었어요.

폐결핵을 고쳐 준 다보스의 서늘하고 맑은 공기가 슈뢰딩거의 깊은 고민을 풀어 주었을까요?

파동 방정식의 완성

슈뢰딩거는 이 여행에서 오랫동안 매달려 왔던 전자의 파동 방정식을 완성하게 되었어요. 파동 방정식의 근거는 전자의 속도에서 찾았어요. 슈뢰딩거는 이렇게 생각했어요.

> 전자는 원자 내부에서 빠르게 움직인다.
> 하지만 여기에는 전제가 있다.
> 아인슈타인의 특수 상대성 이론에 따라
> 전자가 광속보다 빠르게 움직여서는 안 되는 것이다.
> 전자의 속도가 광속에 이르는 순간 전자의 길이는 제로가 되고,
> 무게는 무한해지기 때문이다. 광속은 금단의 속도인 것이다.

광속은 초속 30만 킬로미터예요. 1초 동안 30만 킬로미터를 날아가는 속도이지요. 1초에 지구를 일곱 바퀴 반가량 돌 수 있어요.

슈뢰딩거는 계속 생각했어요.

> 전자가 원자 속에서 광속으로 움직이는 순간 크기는 사라지며,
> 무게는 무한대에 이르게 된다. 이는 있을 수 없는 일이다.
> 전자가 워낙 작다 보니 크기야 그렇다 쳐도
> 무한대의 무게란 지구를, 태양계를, 아니 우주 전체를
> 다 합쳐도 도달할 수 없는 무게다.
> 눈에 보이지도 않는 전자 하나의 무게가 이렇게 될 수 있을까?
> 불가능한 일이다.
> 그렇다면? 그래, 특수 상대론의 원리를 위반하지 않는 범위 안에서
> 전자의 파동 방정식을 완성시켜야 한다.

슈뢰딩거는 방정식을 차근차근 풀어 나갔어요. 과정은 머리가 지끈거릴 만큼 복잡하고 복잡했어요.

12월 27일 슈뢰딩거는 빌헬름 빈 교수에게 편지를 보냈어요.

슈뢰딩거는 제1차 세계 대전이 끝나고 얼마간 존경하는 물리학자인 빌헬름 빈과 함께 연구한 적이 있었어요. 슈뢰딩거는 빌헬름 빈과 편지를 주고받으며 물리학 이론에 대해 의견을 나누곤 했어요.

빌헬름 빈 교수님께

요즘 저는 새로운 원자 이론과 치열한 싸움을 벌이고 있습니다. 제가 수학을 좀 더 잘했다면 얼마나 좋았을까 하는 생각을 수시로 하고 있습니다. 일단 지금까지 얻은 결과는 흡족합니다. 아직은 미분 방정식의 풀이를 완벽하게 구한 것은 아니지만, 풀이가 나온다면 정말로 아름다울 것이라 확신합니다. 풀이 과정이 너무 어려워서 이해하기 쉽게 다듬은 다음에 세상에 내놓을 생각입니다. 당장은 수학 공부에 매진해야 할 듯싶습니다.

해를 넘긴 1926년 1월 8일 슈뢰딩거는 취리히로 돌아왔어요. 조만간 세상을 깜짝 놀라게 할 파동 방정식을 들고서 말이죠.

슈뢰딩거의 파동 방정식은 전자의 움직임을 훤히 꿰뚫어볼 수 있게 해 주었어요. 전자가 어느 시간, 어느 위치에 있을지 보란 듯이 예측할 수 있었지요.

하이젠베르크가 얻은 이론 체계를 '행렬 역학'이라 부르잖아요? 슈뢰딩거가 얻은 이론 체계를 '파동 역학'이라고 불러요.

하이젠베르크와 슈뢰딩거가 연이어 행렬 역학과 파동 역학을 발견하자, 영국의 천재 이론물리학자 폴 디랙은 이것을 검증해 봐야겠다고 생각했어요. 디랙은 행렬 역학과 파동 역학 두 이론이 형태만 다를 뿐 동일한 것이라는 사실을 밝혀 냈어요. 그리고 이 공로로 1933년 노벨 물리학상을 슈뢰딩거와 공동으로 수상했어요.

막스 플랑크가 양자 개념을 생각해 낸 이래 조지프 존 톰슨, 어니스트 러더퍼드, 알베르트 아인슈타인, 닐스 보어, 루이 드브로이 등을 거치며 이어 온 양자론은 베르너 하이젠베르크와 에르빈 슈뢰딩거에 이르러 양자 역학으로 발전했어요.

$$-\frac{\hbar^2}{2m}\frac{d^2\psi}{dx^2} + U\psi = E\psi$$

슈뢰딩거의 파동 방정식

'물리학에서는 더 이상 밝혀질 진리가 없다'고 고전 물리학자들이 믿었던 것처럼 양자 역학도 완성되었을까요? 아니에요. 양자를 처음 발견한 지 100년이 넘었지만, 양자 역학은 계속 진화하고 있어요. 처음에는 개념이고 이론일 뿐이었지만, 지금은 반도체, 컴퓨터, 생명 공학, 우주 공학 등 실생활에 쓰이는 기술의 바탕이 되었어요. 눈에 보이지 않는 양자의 세계를 향한 물리학자들의 한계를 모르는 호기심 덕분이에요. 앞으로 양자 역학이 얼마나 더 발전할지 기대되지요? 우리의 양자 세계 여행도 계속 이어지게 될 거예요.

양자론의 쓰임새

양자 역학이 현대사회에 끼치는 영향은 정말로 대단하지요. 전자 문명과 생명체에게 지대한 영향을 주고 있으니까요.

반도체 없는 오늘날의 전자 문명은 생각조차 할 수 없어요. 요즘의 최첨단 전자 기기치고 반도체가 들어가지 않은 것은 없을 정도지요. 최첨단 기기일수록 고성능의 반도체가 필요하거든요.

손 안의 작은 컴퓨터 스마트폰, 스스로 운행하는 자율 주행차 등에 핵심 부품으로 반도체 칩이 쓰이지요.

양자론을 인체에 활용하는 장치도 이미 널리 사용하고 있어요. 병원에 가면 만날 수 있는 CT(컴퓨터 단층 촬영)와 MRI(자기 공명 영상) 등이 양자론의 원리를 바탕으로 만들어진 의료 기기들이지요. 이것으로 우리 인체의 질병을 빠르고 정확하게 진단하고 치료할 수 있어요.

생명체에 양자론을 적용할 수 있을 거라는 생각도 시작되었어요. 제일 처음은 슈뢰딩거에게서 시작되었어요. 슈뢰딩거는 1944년 《생명이란 무엇인가》라는 책을 세상에 내놓았는데, 이 책에서 생명체의 비밀을 파헤치는 데 양자론이 큰 도움을 줄 수 있을 거라고 주장했어요.

전자 공학은 말할 것 없고, 화학과 생물학에도 양자론을 적용한 양자 화학과 양자 생물학이 최첨단 연구 분야로 떠오르고 있어요. 다른 학문에도 양자론이 빠르게 퍼져 나갈 거라고 생각해요. 조만간 양자 컴퓨터가 우리 앞에 모습을 드러내면, 이러한 추세는 더욱 가팔라질 거고요. 양자론이 일상에서 만나는 기술로 구현된 세상의 모습은 어떨지 궁금하고 기대됩니다.

참고 자료

《1905 아인슈타인에게 무슨 일이 일어났나》 존 S. 릭던 지음, 염영록 옮김, 랜덤하우스중앙, 2006

《과학사의 이해》 임경순 정원 지음, 다산출판사, 2014

《궁금했어, 에너지》 정창훈 지음, 나무생각, 2019

《뉴턴 대특집 양자론》 뉴턴코리아, 2006. 7.

《막스 플랑크 평전》 에른스트 페터 피셔 지음, 이미선 옮김, 김영사, 2010

《물리법칙의 특성》 리처드 파인만 지음, 나성호 옮김, 미래사, 1995

《물리 이야기》 로이드 모츠·제퍼슨 헤인 위버 지음, 차동우··이재일 옮김, 전파과학사, 1992

《백미러 속의 우주》 데이브 골드버그 지음, 박병철 옮김, 해나무, 2015

《보이지 않는 것들의 물리학》 정재승·이순칠 지음, 해나무, 2015

《부분과 전체》 베르너 하이젠베르크 지음, 김용준 옮김, 지식산업사, 1989

《불확정성》 데이비드 린들리 지음, 박배식 옮김, 시스테마, 2009

《빛으로 말하는 현대물리학》 고야마 게이타 지음, 손영수 옮김, 전파과학사, 1990

《사이언티스트 100》 좀 시몬스 지음, 여을환 옮김, 세종서적, 1997

《새 먼 나라 이웃나라 제3권 도이칠란트》 이원복 지음, 김영사, 2001

《생명이란 무엇인가》 에르빈 슈뢰딩거 지음, 서인석·황상익 옮김, 한울, 2000

《수소로 읽는 현대과학사》 존 S. 리그던 지음, 박병철 옮김, 알마, 2007

《스트링 코스모스》 남순건 지음, 지호, 2007

《신의 입자를 찾아서》 이종필 지음, 마티, 2015

《아인슈타인》 월터 아이작슨 지음, 이덕환 옮김, 까치, 2007

《아인슈타인》 제레미 번스틴 지음, 서창렬 옮김, 시공사, 2003

《아인슈타인 평전》 데니스 브라이언 지음, 승영조 옮김, 북폴리오, 2004

《알기 쉬운 양자역학》 B. E. 루드니크 지음, 박일태 옮김, 나라사랑, 1991

《양자론(하룻밤의 지식여행2)》 J. P. 메키보이 지음, 이충호 옮김, 김영사, 2001

《양자론(뉴턴 하이라이트)》 뉴턴코리아, 2006

《양자론(한 권으로 충분한)》 다케우치 가오루 지음, 김재호·이문숙 옮김, 전나무숲, 2010

《양자물리학은 신의 주사위 놀이인가》 장상현 지음, 컬처룩, 2014

《양자세계 여행자를 위한 안내서》 케네스 W. 포드 지음, 김명남 옮김, 바다출판사, 2008

《양자역학과 현대과학(만화 제대로 된 세계대역사 11)》 송은영 글, 주니어김영사, 2011

《양자역학의 세계》 곽영직 지음, 동녘, 2008

《양자역학 테마파크》 로버트 길모어 지음, 이충호 옮김, 사계절, 1995

《얽힘의 시대》 루이자 길더 지음, 노태복 옮김, 부키, 2012

《원자, 작지만 위대한 발견들》 정규성 지음, 에피소드, 2003

《위대한 물리학자(4~6)》 윌리엄 크로퍼 지음, 김희봉 외 옮김, 사이언스북스, 2007

《인물로 본 현대물리학사》 Spencer R. Weart & Melba Phillips 지음, 김제완 역, 일진사, 2002

《퀀텀 스토리》 짐 배것 지음, 박병철 옮김, 반니, 2014

《파인만의 QED 강의(일반인을 위한)》 리처드 파인만 지음, 박병철 옮김, 승산, 2004

《하이젠베르크》 A. 헤르만 지음, 이필렬 옮김, 미래사, 1991

《현대과학혁명의 선구자들(신과학총서 60)》, 계간 과학사상 편집부 편, 범양사출판부, 2002

《현대물리학》 존 R. 테일러 외 지음, 강희재 외 옮김, 교보문고, 2005

《현대물리학의 위대한 발견들》 에드워드 스파이어 지음, 조영석 옮김, 범양사출판부, 1998

《Classical and Modern Physics(Volume3)》 Kenneth W. Ford, John Wiley and Sons, 1974

《Fundamentals of Physicsa(Extended third edition)》 David Halliday and Robert Resnick, John Wiley and Sons, 1988

《Introductory Quantum Mechanics》 Richard L. Liboff, Addison-Wesley Publishing Company,1980

《Quantum Mechanics》Claude Cohen Tannoudji and Bernard Diu and Franck Laloe, John Wiley and Sons, 1977

《Quantum Physics(Second Edition)》Robert Eisberg and Robert Resnick, John Wiley and Sons, 1985

사이언스 틴스 08

궁금했어,
양자역학

초판 1쇄 발행 2022년 1월 28일
초판 4쇄 발행 2023년 10월 17일

글 | 송은영
그림 | 주노
펴낸이 | 한순 이희섭
펴낸곳 | (주)도서출판 나무생각
편집 | 양미애 백모란
디자인 | 박민선
마케팅 | 이재석
출판등록 | 1999년 8월 19일 제1999-000112호
주소 | 서울특별시 마포구 월드컵로 70-4(서교동) 1F
전화 | 02)334-3339, 3308
팩스 | 02)334-3318
이메일 | book@namubook.co.kr
홈페이지 | www.namubook.co.kr
블로그 | blog.naver.com/tree3339

ISBN 979-11-6218-185-0 73420

값은 뒤표지에 있습니다.
잘못된 책은 바꿔 드립니다.